胡适作品系列

胡适作品系列

容忍与自由：
胡适演讲集（二）

北京大学出版社
PEKING UNIVERSITY PRESS

图书在版编目（CIP）数据

容忍与自由：胡适演讲集（二）/ 胡适著. —北京：北京大学出版社，2013.8

（胡适作品系列）

ISBN 978-7-301-22196-9

Ⅰ.①容… Ⅱ.①胡… Ⅲ.①胡适（1891～1962）－演讲－文集 Ⅳ.①C52

中国版本图书馆 CIP 数据核字（2013）第 030424 号

书　　　名：容忍与自由：胡适演讲集（二）
著作责任者：胡　适 著
责 任 编 辑：张文礼
标 准 书 号：ISBN 978-7-301-22196-9/I·2600
出 版 发 行：北京大学出版社
地　　　址：北京市海淀区成府路 205 号　100871
网　　　址：http://www.pup.cn　新浪官方微博：@北京大学出版社
电 子 信 箱：pkuwsz@126.com
电　　　话：邮购部 62752015　发行部 62750672
　　　　　　编辑部 62767315　出版部 62754962
印　　刷　者：北京中科印刷有限公司
经　销　者：新华书店
　　　　　　890 毫米×1240 毫米　32 开本　7.125 印张　132 千字
　　　　　　2013 年 8 月第 1 版　2021 年 5 月第 5 次印刷
定　　　价：39.00 元

未经许可，不得以任何方式复制或抄袭本书之部分或全部内容。
版权所有，侵权必究
举报电话：010-62752024　电子信箱：fd@pup.pku.edu.cn

1959年1月,胡适在中研院留影。史语所周法高摄影。

1959年11月20日,胡适参加"自由中国社"成立十周年纪念会,发表演说,题目是《容忍与自由》。右为雷震。

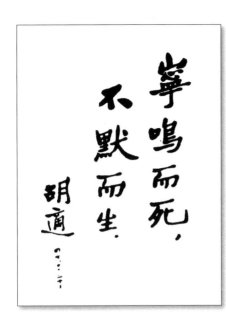

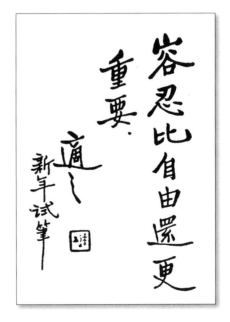

胡适手迹。

1924年7月,胡适在大连中华青年会作演讲,图为胡适在演讲礼堂前留影。

1953年1月,胡适在日本公开演讲。

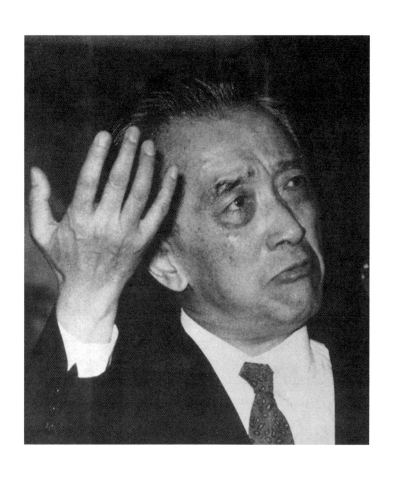

1958年12月7日,胡适应邀赴台中在中华农学会暨各专门农业学会联合年会上演讲。

Columbia University
New York 27, N.Y.
University 4-3200, Ext. 398
Robert Harron, Director

FOR PAPERS OF WEDNESDAY,
FEBRUARY 20 1946

Dr. Hu Shih, distinguished Chinese scholar and former ambassador to the United States from China, will speak to a Columbia University audience on "China Tomorrow" in the Harkness Academic Theater tonight (Wednesday) at 8 o'clock.

The talk, which was arranged by the International Committee of Columbia University, will be one of the last made by Dr. Hu in this country before returning to China in April to assume the presidency of the University of Peking.

Dr. Hu, who has played a leading role in the renaissance of Chinese literature, holds several honorary degrees from ranking universities in this country and is a leading member of the American Philosophical Society and the Institute of Pacific Relations. He is author of "The Development of Logical Method in Ancient China" and "The Chinese Renaissance."

Nathaniel Peffer, professor of international relations, will act as clarifier of the panel discussion which will follow Dr. Hu's talk.

* * *

1946年2月20日，哥大为胡适所作"中国的明天"的演讲发布的广告。

出版说明

胡适是二十世纪中国最具国际声誉的学者、思想家和教育家。他在文、史、哲等学科都取得了巨大的成就,是"五四"以来影响中国文化学术最深的历史人物。他活跃于社会政治领域,是中国自由主义最具诠释力的思想家。胡适在北京大学从事教学工作长达十八年,曾任北京大学文学院院长、校长等职。他对北大情有独钟,遗嘱中交代将他留在大陆的书籍和文件捐赠给北大图书馆。为反映这位文化巨人一生博大精深的文化建树,本社在北大百年校庆的1998年曾隆重推出一套大型胡适作品集——《胡适文集》(12册),对所收作品均作了文字订正和校勘,其中有一部分作品,采用了胡适本人后来的校订本或北大的收藏本,具有很高的文献价值,受到学界和广大读者的欢迎。

因文集早已售缺,多年来,一直有要求重印的呼声。此次重印,此套书的编者欧阳哲生先生又精心做了许多工作,包括对照已出各种版本的优长,重核胡适本人原始和修订版的文字等,力求呈现最接近大师本人原意的文字面貌。为方便读者阅读,我们从《胡适文集》之中精选部分内容，另外推出"胡适作品系列"。

　　胡适曾说，哲学是他的职业，文学是他的兴趣，政治是他的义务。演讲应是他传达思想信念的工具。胡适早在康奈尔大学二年级时就选修演讲技巧的课程，自此培养出对演说的兴趣，开始了长达四五十年的讲演生涯。胡适是一位擅长演讲的大师，梁实秋称誉胡适的演讲具有"邱吉尔风度"，他的演讲题材从说教的人生意义话题，到枯燥的学术问题辨析，从敏感的政治文化热点问题，到冷僻的个案研究介绍，胡适都能通过一场生动、通俗的演讲，打动周围的听众，使听过他讲话的人对他永生难忘。本书主要收录与政治有关的演讲、谈话记录或讲稿。

　　由于所处环境不同，研究视角与方法不同，本书对某些具体问题的描述和解释，与通行说法有不尽相同之处，对这些说法，我们未作删改，这并不代表我们完全同意作者的说法，请读者在阅读时认真鉴别。本书的人名、地名、标点等，有的与现行用法不同，为保存原貌，亦未加修改。

　　限于编辑水平，难免存在错漏之处，欢迎读者多提宝贵意见。

北京大学出版社
2013年5月

目 录

我们能做什么?	/ 1
自由主义	/ 8
容忍与自由	/ 17
谈护宪	/ 30
五十年来的美国	/ 37
从《到奴役之路》说起	/ 49
对立法院的寄望	/ 58
五四运动纪念	/ 68
纪念"五四"	/ 80
五四运动是青年爱国的运动	/ 84
武力解决与解决武力	/ 101
好政府主义	/ 106
对于沪汉事件的感想	/ 115
中国问题的一个诊察	/ 121

日本在中国之侵略战	/ 131
中国抗战的展望	/ 140
我们还要作战下去	/ 151
国际大家庭	/ 157
伟大的同情心	/ 160
中国目前的情势	/ 164
中国与日本的现代化运动	/ 173
中国为一个作战的盟邦	/ 182
中国抗战也是要保卫一种文化方式	/ 194
论战后新世界之建设	/ 208
抗战五周年纪念	/ 212

我们能做什么？

我们能做什么？本是一个可大可小的题目，今天希望在一点钟以内讲出来。在讲本题之前，我愿提一下刚才主席（阎子亨君）介绍词里的话，他说我过去在政治上的主张与公能学会的精神很相近。我愿给他的话一个证明。

从前我们办过一个小报，叫做《努力》，在第二期上，我就提出："我们不谈主义，只要一个政府，要一个好政府。"当时的北京政府的政令只限于在北京，连天津都到不了。因此我提出要一个政府、要一个好政府。有人问我好政府的条件，我说：第一是要有操守，有道德；第二是要有能力，负某部门责任的官吏，一定要熟习并且专长于这部门的业务。

当时我没有看到南开的校训："公"、"能"这两个字，但我所提出的是与"公"、"能"相一致的。这是我给主席的话加一个注解，也是加一个证明。

我要说的是：我们能做什么？不管是南开校友会也好，北大同学会也好，公能学会，或是市民治促进会等团体都好，我们要问一问：我们能做什么？

来天津以前，今天早晨我与张佛泉，谭炳训诸位先生去参观北平市参议员选举的五个投票区。从这里我们训练了自己，教育了自己。从这次办理选举的经过来看，当局者很想把选举办好，事前请了学校里的好多政治学家和许多别的先生们去研究，去想办法，可见办选举的人是想办好它。至少我在北平看到的是如此。

但是我们看了几个选举区以后，觉得有缺点，有值得批评的地方。因为办选举的人自己没有经验，也很少看过别人选举。拿选举的法律条文做教科书，就难以解决实际困难。譬如选举时旁边有个代书人，凡是不会写字的选民可以请代书人代写选票，加上旁边两个监视人，选一票至少要被三个人知道，这就不能算是秘密投票，就难免受人威胁利用。但"代书人"的办法是选举法的细则上规定的。那么根本的毛病在那里？根本毛病在于宪法。

宪法规定普选，不分性别，不分教育程度，不计财产，只要满二十岁就有选举权，这是世界上最进步的制度，我们是迎头赶上了。但是我们选民的"能"不够，我们看见一个老太太来选举，竞选的人递给他三张片子，走到代书人面前，她不知道要选谁。另外我们看到一位瞎子来投票，这太感动人了，外国记者忙着替他照相，但是他也不知道选谁。有人建议他用手在候选人名单上任指一个，但他是盲人，连指的能力都没有，结果由他的小孙子在名单上随便点了一个，这是我们看见的，这是公开的，并没有人贿选。但结果是如此不合理！

错误是在制宪时种下的，当时我们没有反对普选，是一个大错。我们只根据书本，没有勇气走出看看，为了"普选"的美名，我们没有看看全国人民的水准，没有看看他们的能力。将来发生坏的效果，我们参加制宪的人都有责任！我希望在座的人都去看看选举的实情。

我们还看了北平的职业选举，市商会和市教育会就没有"代书"的事。比区域选举的情形好得多了。市商会用间接选举，手续繁复；市教育会用直接选举，在十个候选人当中选七位参议员，方法简便，效果也良好。

从这里我们得到两个教训：第一、选民教育程度高的，选举就办得好。第二、选民应该有限制，在宪法没有修改以前，没有办法根本解决。但是，我们可以接受各种经验教训，改正既有的缺点，天津就可以改正北平所发生的一些可以避免的错误。候选人应该加以限制，应该要他负责。英国规定候选人须缴两百镑保证金，选票不及选民三分之一时，保证金就充公为选举经费，这办法也许太严，但我们绝不能让一个人随便去登记一下就成为候选人。我们要让他负责任，候选人减少，就可以全部印在选票上，选民只要在名下画个"×"，不会写字的人总可以画"×"，"代书人"可以免除。这就改正了一个缺点。

我们要能够接受经验，改正缺点。这算是我的引论，以下谈正文。

我们能做什么？这要靠我们的知识水准，教育程度，和技能修养。究竟一个没有军队支持，没有党派协助的个人能做些什么？以我想，至少有三大类的事情可做。我愿用几个例子来说明。

第一类：可以说是消极的，以我个人为例，我民国六年回国，当时立定志愿不干政治，至少二十年不干政治。虽然真的过了廿一年才干政治[1]，但是不到二十年我却常常谈政治，先后我参加或主持过《每周评论》、《努力周报》、《独立评论》和《新月》等政治性的杂志。因为忍不住不谈政治，也可以说不能不问政治，个人想不问政治，政治却时时要影响个人，于是不得不问政治。

---

[1] 记者按：指胡氏民廿七年出任驻美大使。

我只是学弥尔（J. S. Mill）。这是一位十九世纪的大政治家，大经济学家，还可以说是大思想家。中国有严复译的《群己权界论》(On Liberty)就是他划时代的巨著。这是一个天才；三岁能用希腊文作诗，五岁能通拉丁文。由于家庭教育好，使他受教育的时期缩短了二十五年。弥尔先生有肺病，但是他活到六十多岁，几十年的时间没有参加实际政治，但他一直在自己的本位上写政治论文、批评实际政治，他的著作给英国政治以很深的影响。而如今有人称他为自由党"精神上的父亲"，工党"精神上的祖父"。弥尔这种批评政治，讨论政治的精神，我们可以学习，也是我们所能做的！这是指个人方面。

此外，团体方面英国有个费边学会（Fabian society）。费边是缓慢的意思。费边学会可以译做绥进学会。他们研究社会主义，反对激进的政治主张，时常讨论、研究，出了许多小册子。结果费边学会成为英国工党真正的前身，他们的研究结果成为工党政治理论的基础。

今天我们的许多团体，像公能学会、市民治促进会，就可以学一学费边学会，就能做研究政治讨论政治的工作。

第二类我们能做的可以学美国的"扒粪主义"。"扒粪主义"起于二十世纪初年，美国有一些新闻记者感到许多大小城市都有所谓"BOSS"，我们可以译为"老板"。这种人并不是大资本家，大政客，只是凭着权术、手段，经过多少年的活动，把持着这个城市的一切恶势力。所谓"扒粪运动"，就是有计划，有知识的，对恶势力长期作战。根据调查的事实，来攻击恶势力，结果得到很大的效果。

我们要有扒粪的精神，不要单是喊打倒贪污，究竟贪污的证据在那里？我们可以调查，研究。在天津的人可以调查天津的机关，可以查账，没有一种假账是查不出来的。这种事，个人能做，团体也能做。

第三大类能够做的，我也举一个例来说明：1944年美国有个C. I. O. P. A. C.的组织就是美国有名的两大劳工组织之一的"工业组织联合"（Congress of Industrial Organization）的政治行动委员会（Political Action Committee）的缩写。1944年正是美国人民最黯淡愁苦的一年，对德战争还十分紧张，对日战争也没有结束。罗斯福总统第三任已经期满，大选快了，按惯例，总统连任三次已经空前，连任四次似乎是不可能的事情。但是大局危急，人民希望他连任，这有什么办法？再两年以前（1942年）国会改选的时候，美国有资格投票的选民有八千万，但是实际投票的只有三千多万人，人民对选举不发生兴趣。国家大局交给谁来主持呢？这时C. I. O. P. A. C.做了两件事情，一是鼓吹人民参加选举，踊跃投票，一是做候选人调查。他们认为好的人，把他过去的言论，行为，事业成就，调查清楚，然后公布出来，让选民有明白的认识。对他们认为坏的候选人，也把他过去的行为过失，荒谬言论，搜集起来公布给大众。这两种工作似乎很简单，但这工作教育了美国人民。当时许多自由主义的教授、专家都来参加这个工作。其结果，不仅是使C. I. O. P. A. C.本身的组织加强，同时使1944年选举投票的人数增加到五千多万人。许多老的议员都落选，议会里添了许多新人物。这是这个P. A. C.努力的结果。这种工作，我们目前就亟须做，这种是我们能做什么的第三类的答案。

以上所谈的三大类来讲，第一是消极的研究、讨论，来影响政治，个人、团体都能够做。第二是要不怕臭，努力扒粪，调查，揭发，总会使政治日渐清明。第三是以团体的力量做大规模的调查和教育工作，直接推动了选举，积极促进了政治。

这三条路都是有成绩的，都可以训练我们，促进我们达到两种目的：一种是"公"，一种是"能"。做我们所能做的，我们可以得到"公"、"能"的好社会，"公"、"能"的好政府。

（本文为1947年9月21日胡适在天津公能学会的演讲，原载1947年9月22日天津《大公报》）

自由主义

孙中山先生曾引一句外国成语："社会主义有五十七种，不知那一种是真的"。其实"自由主义"也可以有种种说法，人人都可以说他的说法是真的，今天我说的"自由主义"，当然只是我的看法，请大家指教。

自由主义最浅显的意思是强调的尊重自由，现在有些人否认自由的价值。同时又自称是自由主义者。自由主义里没有自由，那就好象长板坡里没有赵子龙，空城计里没有诸葛亮，总有点叫不顺口罢！据我的拙见，自由主义就是人类历史上那个提倡自由，崇拜自由，争取自由，充实并推广自由的大运动。"自由"在中国古文里的意思是："由于自己"，就是不由于外力，是"自己作主"。在欧洲文字里，"自由"含有"解放"之意，是从外力裁制之下解放出来，才能"自己作主"。在中国古代思想里，"自由"就等于自然，"自然"

是"自己如此","自由"是"由于自己",都有不由于外力拘束的意思。陶渊明的诗："久在樊笼里，复得返自然"，这里"自然"二字可以说是完全同"自由"一样。王安石的诗："风吹瓦堕屋，正打破我头……我终不嗔渠，此瓦不自由"。这就是说，这片瓦的行动是被风吹动的，不是由于自己的力量。中国古人太看重"自由"，"自然"的"自"字，所以往往看轻外面的拘束力量，也许是故意看不起外面的压迫，故意回向自己内心去求安慰，求自由。这种回向自己求内心的自由，有几种方式，一种是隐遁的生活——逃避外力的压迫，一种是梦想神仙的生活——行动自由，变化自由——正如庄子说，列子御风而行，还是"有待"，"有待"还不是真自由，最高的生活是事人无待于外，道教的神仙，佛教的西天净土，都含有由自己内心去寻求最高的自由的意义。我们现在讲的"自由"，不是那种内心境界，我们现在说的"自由"，是不受外力拘束压迫的权利。是在某一方面的生活不受外力限制束缚的权利。

在宗教信仰方面不受外力限制，就是宗教信仰自由。在思想方面就是思想自由，在著作出版方面，就是言论自由，出版自由。这些自由都不是天生的，不是上帝赐给我们的，是一些先进民族用长期的奋斗努力争出来的。

人类历史上那个自由主义大运动实在是一大串解放的

努力。宗教信仰自由只是解除某个某个宗教威权的束缚，思想自由只是解除某派某派正统思想威权的束缚。在这些方面……在信仰与思想的方面，东方历史上也有很大胆的批评者与反抗者。从墨翟，杨朱，到桓谭，王充，从范缜，傅奕，韩愈，到李贽，颜元，李塨，都可以说是为信仰思想自由奋斗的东方豪杰之士，很可以同他们的许多西方同志齐名比美，我们中国历史上虽然没有抬出"争自由"的大旗子来做宗教运动，思想运动，或政治运动，但中国思想史与社会政治史的每一个时代都可以说含有争取某种解放的意义。

我们的思想史的第一个开山时代，就是春秋战国时代——就有争取思想自由的意义。

古代思想的第一位大师老子，就是一位大胆批评政府的人。他说："天下多忌讳，而民弥贫。""法令滋彰，盗贼多有。""民之饥，以其上食税之多，是以饥。""民之难治，以其上之有为，是以难治。""民之轻死，以其求生之厚，是以轻死。""天之道损有余，而补不足。""人之道则不然，损不足以奉有余。"老子同时的邓析是批评政府而被杀的。另一位更伟大的人就是孔子，他也是一位偏向左的"中间派"，他对于当时的宗教与政治，都有大胆的批评，他的最大胆的思想是在教育方面：

有教无类："类"是门类，是阶级民族，"有教无类"，是说:"有了教育,就没有阶级民族了。"

从老子孔子打开了自由思想的风气,二千多年的中国思想史,宗教史,时时有争自由的急先锋,有时还有牺牲生命的殉道者。孟子的政治思想可以说是全世界的自由主义的最早一个倡导者。孟子提出的"大丈夫"是"贫贱不能移,富贵不能淫,威武不能屈"。这是中国经典里自由主义的理想人物。在二千多年历史上,每到了宗教与思想走进了太黑暗的时代,总有大思想家起来奋斗,批评,改革。

汉朝的儒教太黑暗了,就有桓谭,王充,张衡起来,作大胆的批评。后来佛教势力太大了,就有齐梁之间的范缜,唐朝初年的傅奕,唐朝后期的韩愈出来,大胆的批评佛教,攻击那在当时气焰熏天的佛教。大家都还记得韩愈攻击佛教的结果是:"一封朝奏九重天,夕贬潮阳路八千"。佛教衰落之后,在理学极盛时代,也曾有多少次批评正统思想或反抗正统思想的运动。王阳明的运动就是反抗朱子的正统思想的。李卓吾是为了反抗一切正宗而被拘捕下狱,他在监狱里自杀的,他死在北京,葬在通州,这个七十六岁的殉道者的坟墓,至今存在,他的书经过多少次禁止,但至今还是很流行的。北方的颜李学派,也是反对正统的程朱思想的,当时,这个了不得的学派很受正统思想的压迫,甚至于不能公开的传授。这三百年的汉学运动,也是一种争取宗教自由思想自由的运动。汉学是抬出汉朝的书做招牌,来掩护一个批评宋学的大运动。这就等于欧洲人抬出圣经来反对教会的权威。

但是东方自由主义运动始终没有抓住政治自由的特殊重要性,所以始终没有走上建设民主政治的路子。西方的自由主义绝大贡献正在这一点,他们觉悟到只有民主的政治方才能够保障人民的基本自由,所以自由主义的政治意义是强调的拥护民主。一个国家的统治权必须放在多数人民手里,近代民主政治制度是安格罗撒克逊民族的贡献居多,代议制度是英国人的贡献,成文而可以修改的宪法是英美人的创制,无记名投票是澳洲人的发明,这就是政治的自由主义应该包含的意义。我们古代也曾有"天视自我民视,天听自我民听","民为邦本","民为贵,社稷次之,君为轻"的民主思想。我们也曾在二千年前就废除了封建制度,做到了大一统的国家,在这个大一统的帝国里,我们也曾建立一种全世界最久的文官考试制度,使全国才智之士有参加政府的平等制度。但,我们始终没有法可以解决君主专制的问题,始终没有建立一个制度来限制君主的专制大权,世界只有安格罗撒克逊民族在七百年中逐渐发展出好几种民主政治的方式与制度,这些制度可以用在小国,也可以用在大国。(1)代议政治,起源很早,但史家指1295年为正式起始。(2)成文宪,最早的1215年的大宪章，近代的是美国宪法（1789）。（3）无记名投票（政府预备选举票，票上印各党候选人的姓名，选民秘密填记）是1856年South Arsthlia最早采用的。自由主义在这两百年的演进史上，还有一个特殊的，空前的政治意义，就是容忍反对党，保障少数人的自由权利。向来政治斗争不是东风压了西风，就是西风压了东风，被压的人是没有好日子过的，但近代西方的民主政治却渐渐养成了一种容忍异己的度量与风气。因为政权是多数人民授予的，在朝执政权的党一旦失去了多数人民的支持，就成了在野党了，所以执政权的人都得准备下台时坐冷板凳的生活，而个个少数党都有逐渐变成多数党的可能。甚至于极少数人的信仰与主张，"好象一粒芥子，在各种种子里是顶小的，等到他生长起来，却比各种菜蔬都大，竟成了小树，空中的飞鸟可以来停在他的枝上。"（《新约·马太福音十四章》，圣地的芥菜可以高到十英尺。）人们能这样想，就不能不存容忍别人的态度了，就不能不尊重少数人的基本自由了。在近代民主国家里，容忍反对党，保障少数人的权利，久已成了当然的政治作风，这是近代自由主义里最可爱慕而又最基本的一个方面。我做驻美大使的时期，有一天我到费城去看我的一个史学老师白尔教授，他平生最注意人类争自由的历史，这时候他已八十岁了。他对我说："我年纪越大，越觉得容忍比自由还更重要。"这句话我至今不忘记。为什么容忍比自由还更要紧呢？因为容忍就是自由的根源，没有容忍，就没有自由可说了。至少在现代，自由的保障全靠一种互相容忍的精神，无论是东风压了西风，是西风压了东风，都是不容忍，都是摧残自由。多数人若不能容忍少数人的思想信仰，少数人当然不会有思想信仰的自由，反过来说，少数人也得容忍多数人的思想信仰，因为少数人要时常怀着"有朝一日权在手，杀尽异教方罢休"的心里，多数人也就不能不行"斩草除根"的算计了。最后我要指出，现代的自由主义，还含有"和平改革"的意思。

和平改革有两个意义，第一就是和平的转移政权，第二就是用立法的方法，一步一步的做具体改革，一点一滴的求进步。容忍反对党。尊重少数人权利，正是和平的政治社会改革的唯一基础。反对党的对立，第一是为政府树立最严格的批评监督机关，第二是使人民可以有选择的机会，使国家可以用法定的和平方式来转移政权，严格的批评监督，和平的改换政权，都是现代民主国家做到和平革新的大路。近代最重大的政治变迁，莫过于英国工党的执掌政权，英国工党在五十多年前，只能选择出十几个议员，三十年后，工党两次执政，但还站不长久，到了战争胜利之年（1945），工党得到了绝对多数的选举票，故这次工党的政权，是巩固的，在五年之内，谁都不能推翻他们，他们可以放手改革英国的工商业，可以放手改革英国的经济制度，这样重大的变化，——从资本主义的英国变到社会主义的英国，——不用流一滴血，不用武装革命，只靠一张无记名的选举票，这种和平的革命基础，只是那容忍反对党的雅量，只是那保障少数人自由权利的政治制度，顶顶小的芥子不曾受摧残，在五十年后居然变成大树了。自由主义在历史上有解除束缚的作用，故有时不能避免流血的革命，但自由主义的运动，在最近百年中最大成绩。例如英国自从1832年以来的政治革新，直到今日的工党政府，都是不流血的和平革新，所以在许多人的心目中自由主义竟成了"和平改革主义"的别名，有些人反对自由主义，说它是"不革命主义"，也正是如此。我们承认现代的自由主义正应该有"和平改革"的含义，因为在民主政治已上了轨道的国家里，自由与容忍铺下了和平改革的大路，自由主义者也就不觉得有暴力革命的必要了。这最后一点，有许多没有忍耐心的年青人也许听了不满意，他们要"彻底改革"，不要那一点一滴的立法，他们要暴力革命，不要和平演进。我要很诚恳的指出，近代一百六七十年的历史，很清楚的指示我们，凡主张彻底改革的人，在政治上没有一个不走上绝对专制的路，这是很自然的，只有绝对的专制政权可以铲除一切反对党，消灭一切阻力，也只有绝对的专制政治可以不择手段，不惜代价，用最残酷的方法做到他们认为根本改革的目的。他们不承认他们的见解会有错误，他们也不能承认反对的人会有值得考虑的理由，所以他们绝对不能容忍异己，也绝对不能容许自由的思想与言论。所以我很坦白地说，自由主义为了尊重自由与容忍，当然反对暴力革命，与暴力革命必然引起来的暴力专制政治。

总结起来，自由主义的第一个意义是自由，第二个意义是民主，第三个意义是容忍——容忍反对党，第四个意义是和平的渐进的改革。

（本文为1948年9月4日胡适在北平电台的广播词，原载1948年9月5日北平《世界日报》）

容忍与自由

雷先生！《自由中国》社的各位朋友！我感觉到刚才有位来宾说的话最为恰当。夏涛声先生一进门就对我说："恭喜恭喜！这个年头能活到十年，是不容易的。"我觉得夏先生这话，很值得作为《自由中国》半月刊创刊十周年的颂词。这个年头能活上十年，的确是不容易的。《自由中国》社所以能够维持到今天，可说是雷儆寰先生以及他的一班朋友继续不断努力奋斗的结果。今天十周年的纪念会，我们的朋友，如果是来道喜，应该向雷先生道喜；我只是担任了头几年发行人的虚名。雷先生刚才说：他口袋里有几个文件，没有发表。我想过去的事情，雷先生可以把它写出来。他所提到的两封信，也可以公开的。记得民国三十八年三四月间，我们几个人在上海；那时我们感觉到这个形势演变下去，会把中国分成"自由的"和"被奴役的"两部分，所以我们不能不注意这一个"自由"与"奴役"的分野,同时更不能不注意"自由中国"这个名字。我想,可能那时我们几个人是最早用"自由中国"这个名字的。后来几位朋友想到成立一个"自由中国出版社"。当初并没有想要办杂志,只想出一点小册子。所以"自由中国出版社"刚成立时,只出了一些小册子性质的刊物。我于4月6日离开上海,搭威尔逊总统轮到美国。在将要离开上海时,他们要我写一篇《自由中国社的宣言》。后来我就在到檀香山途中,凭我想到的写了四条宗旨,寄回来请大家修改。但雷先生他们都很客气,就用当初我在船上所拟的稿子,没有修改一字;《自由中国》半月刊出版以后,每期都登载这四条宗旨。《自由中国》半月刊创刊到现在已十年了。回想这十年来,我们所希望做到的事情没有能够完全做到;所以在这十周年纪念会中,我们不免有点失望。不过我们居然能够有这十年的生命,居然能在这样困难中生存到今天,这不能不归功于雷先生同他的一班朋友的努力;同时我们也很感谢海内外所有爱护《自由中国》的作者和读者。

原来我曾想到今天应该说些什么话;后来没有写好。不过我今天也带来了一点预备说话的资料。在今年三四月间,我写了一封信给《自由中国》编辑委员会同仁;同时我也写了一篇文章,文章登在《自由中国》第二十卷第六期,信登在第七期。那篇文章的题目是《容忍与自由》。后来由毛子水先生写了一篇《〈容忍与自由〉书后》；殷海光先生也写了一篇《胡适论〈容忍与自由〉读后》：都登在《自由中国》二十卷七期上。前几天出版的《自由中国》创刊十周年纪念特刊，有二十几位朋友写文章。毛子水先生也写了一篇《〈自由中国〉十周年感言》，内容同我们在几个月之前所讲的话意思差不多。同时雷先生也有一篇文章，讲我们说话的态度。记得雷先生在五年前已有一篇文章讲到关于舆论的态度。所以这个问题很值得我们想一想。今天我想说的话，也是从几篇文章中的意思，择几点出来说一说。

我在《容忍与自由》一文中提出一点：我总以为容忍的态度比自由更重要，比自由更根本。我们也可说，容忍是自由的根本。社会上没有容忍，就不会有自由。无论古今中外都是这样：没有容忍，就不会有自由。人们自己往往都相信他们的想法是不错的，他们的思想是不错的，他们的信仰也是不错的：这是一切不容忍的本源。如果社会上有权有势的人都感觉到他们的信仰不会错，他们的思想不会错，他们就不许人家信仰自由，思想自由，言论自由，出版自由。所以我在那个时候提出这个问题来，一方面实在是为了对我们自己说话，一方面也是为了对政府、对社会上有力量的人说话，总希望大家懂得容忍是双方面的事。一方面我们运用思想自由、言论自由的权利时,应该有一种容忍的态度;同时政府或社会上有势力的人,也应该有一种容忍的态度。大家都应该觉得我们的想法不一定是对的,是难免有错的。因为难免有错,便应该容忍逆耳之言;这些听不进去的话,也许有道理在里面。这是我写《容忍与自由》那篇文章主要的意思。后来毛子水先生写了一篇《书后》。他在那篇文章中指出:胡适之先生这篇文章的背后有一个哲学的基础。他引述我于民国三十五年在北京大学校长任内作开学典礼演讲时所说的话。在那次演说里,我引用了宋朝的大学问家吕伯恭先生的两句话,就是:"善未易明,理未易察。"宋朝的理学家,都是讲"明善、察理"的。所谓"善未易明,理未易察",就是说善与理是不容易明白的。我引用这两句话,第二天在报上发表出来,被共产党注意到了。共产党就马上把它曲解,说:"胡适之说这两句话是有作用的;胡适之想拿这两句话来欺骗民众,替蒋介石辩护,替国民党辩护。"过了十二、三年,毛先生又引用了这两句话。所谓"理未易明",就是说真理是不容易弄明白的。这不但是我写《容忍与自由》这篇文章的哲学背景,所有一切保障自由的法律和制度,都可以说建立在"理未易明"这句话上面。

最近出版的《自由中国》创刊十周年纪念的特刊中,毛子水先生写了一篇《〈自由中国〉十周年感言》。他在那篇文章中又提到一部世界上最有名的书,就是出版了一百年的穆勒的《自由论》(On Liberty);从前严又陵先生翻译为《群己权界论》。毛先生说:这本书,到现在还没有一本白话文的中译本。严又陵先生翻译的《群己权界论》,到现在已有五六十年;可惜当时国人很少喜欢"真学问"的,所以并没有什么大影响。毛先生认为主持政治的人和主持言论的人,都不可以不读这部书。穆勒在该书中指出,言论自由为一切自由的根本。同时穆勒又以为,我们大家都得承认我们认为"真理"的,我们认为"是"的,我们认为"最好"的,不一定就是那样的。这是穆勒在那本书的第二章中最精采的意思。凡宗教所提倡的教条,社会上所崇尚的道德,政府所谓对的东西,可能是错的,是没有价值的。你要去压迫和毁灭的东西,可能是真理。假如是真理,你把它毁灭掉,不许它发表,不许它出现,岂不可惜!万一你要打倒的东西,不是真理,而是错误;但在错误当中,也许有百分之几的真理,你把它完全毁灭掉,不许它发表,那几分真理也一同被毁灭掉了。这不也是可惜的吗?再有一点:主持政府的人,主持宗教的人总以为他们的信仰,他们的主张完全是对的;批评他们或反对他们的人是错的。尽管他们所想的是对的,他们也不应该不允许人家自由发表言论。为什么呢?因为如果教会或政府所相信的是真理,但不让人家来讨论或批评它,结果这个真理就变成了一种成见，一种教条。久而久之，因为大家都不知道当初立法或倡教的精神和用意所在，这种教条，这种成见，便慢慢趋于腐烂。总而言之，言论所以必须有自由，最基本的理由是：可能我们自己的信仰是错误的；我们所认为真理的，可能不完全是真理，可能是错的。这就是刚才我说的，在七八百年以前，我们的一位大学者吕伯恭先生所提出来的观念；就是"理未易明"。"理"不是这样容易弄得明白的！毛子水先生说，这是胡适之所讲"容忍"的哲学背景。现在我公开的说，毛先生的解释是很对的。同时我受到穆勒大著《自由论》的影响很大。我颇希望在座有研究有兴趣的朋友，把这部大书译成白话的、加注解的中文本，以飨我们主持政治和主持言论的人士。

在殷海光先生对我的《容忍与自由》一文所写的一篇《读后》里，他也赞成我的意见。他说如果没有"容忍"，如果说我的主张都是对的，不会错的，结果就不会允许别人有言论自由。我曾在《容忍与自由》一文中举一个例子；殷先生也举了一个例子。我的例子，讲到欧洲的宗教革命。欧洲的宗教革命完全是为了争取宗教信仰自由。但我在那篇文章中指出，等到主持宗教革命的那些志士获得胜利以后，他们就慢慢的走到不容忍的路上去。从前他们争取自由；现在他们自由争取到了，就不允许别人争取自由。我举例说，当时领导宗教革命的约翰高尔文（John Calvin）掌握了宗教大权，就压迫新的批评宗教的言论。后来甚至于把一个提倡新的宗教思想的学者塞维图斯（Servetus）用铁链锁在木桩上，堆起柴来慢慢烧死。这是一个很惨的故事。因为约翰高尔文他相信自己思想不会错，他的思想是代表上帝；他把反对他的人拿来活活的烧死是替天行道。殷海光先生所举的例也很惨。在法国革命之初，大家都主张自由；凡思想自由，信仰自由，宗教自由，言论出版自由，都明定在人权宣言中。但革命还没有完全成功，那时就起来了一位罗伯斯比尔（Robespierre）。他在争到政权以后，就完全用不容忍的态度对付反对他的人，尤其是对许多旧日的皇族。他把他们送到断头台上处死。仅巴黎一地，上断头台的即有二千五百人之多，形成法国大革命期间的恐怖统治。这一班当年主张自由的人，一朝当权，就反过来摧残自由，把主张自由的人烧死了，杀死了。推究其根源，还是因为没有"容忍"。他认为我不会错；你的主张和我的不一样，当然是你错了。我才是代表真理的。你反对我，便是反对真理：当然该死。这就是不容忍。

不过殷先生在那篇文章中又讲了一段话。他说：同是容忍，无权无势的人容忍容易，有权有势的人容忍很难。所以他好像说，胡适之先生应该多向有权有势的人说说容忍的意思，不要来向我们这班拿笔杆的穷书生来说容忍。我们已是容忍惯了。殷先生这番话，我也仔细想过。我今天想提出一个问题来，就是：究竟谁是有权有势的人？还是有兵力、有政权的人才可以算有权有势呢？或者我们这班穷书生、拿笔杆的人也有一点权，也有一点势呢？这个问题也值得我们想一想。我想有许多有权有势的人，所以要反对言论自由，反对思想自由，反对出版自由，他们心里恐怕觉得他们有一点危险。他们心里也许觉得那一班穷书生拿了笔杆在白纸上写黑字而印出来的话，可以得到社会上一部分人的好感，得到一部分人的同情，得到一部分人的支持。这个就是力量。这个力量就是使有权有势的人感到危险的原因。所以他们要想种种法子，大部分是习惯上的，来反对别人的自由。诚如殷海光先生说的，用权用惯了，颐指气使惯了。不过他们背后这个观念倒是准确的：这一班穷书生在白纸上写黑字而印出来的，是一种力量，而且是一种可怕的力量，是一种危险的力量。所以今天我要请殷先生和在座的各位先生想一想，究竟谁是有权有势？今天在座的大概都是拿笔杆写文章的朋友。我认为我们这种拿笔杆发表思想的人，不要太看轻自己。我们要承认，我们也是有权有势的人。因为我们有权有势，所以才受到种种我们认为不合理的压迫,甚至于像"围剿"等。人家为什么要"围剿"?还不是对我们力量的一种承认吗?所以我们这一班主持言论的人,不要太自卑。我们不是弱者;我们也是有权有势的人。不过我们的势力,不是那种幼稚的势力,也不是暴力。我们的力量,是凭人类的良知而存在的。所以我要奉告今天在座的一百多位朋友,不要把我们自己看得太弱小;我们也是强者。但我们虽然也是强者,我们必须有容忍的态度。所以毛子水先生指出我在《容忍与自由》那篇文章里说的话。不仅是对压迫言论自由的人说的,也是对我们主持言论的人自己说的。这就是说,我们自己要存有一种容忍的态度。我在那篇文章中又特别指出我的一位死去的朋友陈独秀先生的主张:他说中国文学一定要拿白话文做正宗;我们的主张绝对的是,不许任何人有讨论的余地。我对于"我们的主张绝对的是"这个态度,认为要不得。我也是那时主张提倡白话文的一个人;但我觉得他这种不能容忍的态度,容易引起反感。

所以我现在要说的就是两句话:第一,不要把我们自己看成是弱者。有权有势的人当中,也包括我们这一班拿笔杆的穷书生;我们也是强者。第二,因为我们也是强者,我们也是有权有势的人,我们绝对不可以滥用我们的权力。我们的权力要善用之,要用得恰当:这就是毛先生主张的,我们说话要说得巧。毛先生在《〈自由中国〉十周年感言》中最后一段说：要使说话有力量，当使说话顺耳，当使说出的话让人家听得进去。不但要使第三者觉得我们的话正直公平，并且要使受批评的人听到亦觉得心服。毛先生引用了《礼记》上的两句话，就是："情欲信；辞欲巧。"内心固然要忠实，但是说话亦要巧。从前有人因为孔子看不起"巧言令色"，所以要把这个"巧"字改成了"考"（诚实的意思）字。毛先生认为可以不必改；这个巧字的意思很好。我觉得毛先生的解释很对。所谓"辞欲巧"，就是说的话令人听得进去。怎么样叫做巧呢？我想在许多在座的学者面前背一段书做例子。有一次我为《中国古代文学史选例》选几篇文章，就在《论语》中选了几篇文章作代表。其中有一段，就文字而论，我觉得在《论语》中可以说是最美的。拿今天所说的说话态度讲，可以说是最巧的。现在我把这段书背出来：——定公问："一言而可以兴邦，有诸？"孔子对曰："言不可以若是；其'几'也！人之言曰：'为君难，为臣不易。'如知为君之难也，不'几'乎一言而兴邦乎？"曰："一言而丧邦，有诸？"孔子对曰："言不可以若是；其'几'也！人之言曰：'予无乐乎为君；唯其言而莫予违也。'如其善而莫之违也，不亦善乎！如不善而莫之违也，不'几'乎一言而丧邦乎？"《论语》中这一段对话，不但文字美妙,而且说话的人态度非常坚定,而说话又非常客气,非常婉转,够得上毛子水先生所引用的"情欲信,辞欲巧"中的"巧"字。所以我选了这一段作为《论语》中第一等的文字。

现在我再讲一点。譬如雷先生:他是最努力的一个人;他是《自由中国》半月刊的主持人。最近他写了一篇文章,也讲到说话的态度。他用了十个字,就是:"对人无成见;对事有是非。"底下他说:"对任何人没有成见。……就事论事。由分析事实去讨论问题;由讨论问题去发掘真理。"我现在说话,并不是要驳雷先生;不过我要借这个机会问问雷先生:你是否对人没有成见呢?譬如你这一次特刊上请了二十几个人做文章:你为什么不请代表官方言论的陶希圣先生和胡健中先生做文章?可见雷先生对人并不是没有一点成见的。尤其是今天请客,为什么不请平常想反对我们言论的人,想压迫我们言论的人呢?所以,要做到一点没有成见,的确不是容易的事情。至于"对事有是非",也是这样。这个是与非,真理与非真理,是很难讲的。我们总认为我们所说的是对的;真理在我们这一边。所以我觉得要想做到毛先生所说"克己"的态度,做到殷海光先生所说"自我训练"的态度,做到雷先生所说"对人无成见,对事有是非"十个字,是很不容易的。如要想达到这个自由,恐怕要时时刻刻记取穆勒《自由论》第二章的说话。我颇希望殷海光先生能把它翻译出来载在《自由中国》这个杂志上，使大家能明白言论自由的真谛，使大家知道从前哲人为什么抱着"善未易明，理未易察"的态度。

雷先生在那篇文章中又说："我们要用负责的态度，来说有分际的话。"这就是说，我们说话要负责；如果说错了，我愿意坐监牢，罚款，甚至于封闭报馆。讲到说有分际的话，这也不是容易做到的。不过我们总希望雷先生同我们的朋友一起来做。怎么样叫做"说有分际的话"呢？就是说话要有分量。我常对青年学生说：我们有一分的证据，只能说一分的话；我有七分证据，不能说八分的话；有了九分证据，不能说十分的话，也只能说九分的话。我们常听人说到"讨论事实"。什么叫"事实"，很难认清。公公有公公的事实；婆婆有婆婆的事实；儿媳有儿媳的事实；公公有公公的理；婆婆有婆婆的理；儿媳有儿媳的理。我们只应该用负责任的态度，说有分际的话。所谓"有分际"，就是"有几分证据，说几分话"。如果我们大家都能自己勉励自己，做到我们几个朋友在困难中想出来的话，如"容忍"、"克己"、"自我训练"等；我们自己来管束自己，再加上朋友的诫勉；我相信我们可以做到"说话有分际"的地步。同时我相信，今后十年的《自由中国》，一定比前十年的《自由中国》更可以做到这个地步。

（本文为1959年11月20日胡适在台北《自由中国》十周年纪念会上的演说词，原载1959年12月1日《自由中国》第21卷第11期）

谈护宪

主席，各位先生：

刚才听了梁上栋先生的报告，使我非常感动，知道当初制宪的国大代表，现在有二百多人在立监两院服务，负行宪的责任。宪法的实行在行政部门，自中央以至地方各级政府，都有责任，但是立监两院所负责任最重。宪法等于我们自己的孩子，梁先生提到我们也许要"护宪"这一点，各位听到，大家鼓掌，这种感情的表现，使我这一个只参加制宪，而没有参加行宪的人，格外高兴。事实上立监两院，和政府各部门，在行宪时期，随时都在那里制宪，因为我们的宪法是比较刚性的成文宪法，在制宪的当时，宪法的起草，受了不少拘束。一方面受中山先生遗教中的重要主张，和中国国民党传统中的重要文献，如五权宪法中的国民大会这个基本观念的拘束。另一方面受民国初年到三十五年来的宪法，尤其《五五宪草》，和政治协商会议宪草委员会的宪草影响。这方面的拘束，范围了我们的制宪工作。当然有法比较没有法好，这个法是中华民国唯一的法，在宪法没有修正以前，我们负有行宪护宪的责任。在宪法至上的原则下，大家应该上下一致，明认维护宪法是当然的事。不但如此，在行宪过程中，还不免有制宪，无论立法院监察院在行宪方面，都是制宪的，以他们养成的优美遗风和传统，作为宪法的一部分。这才是活的宪法。世界上的许多刚性宪法，宪法中没有规定的，在宪法成立以后，各部门的工作者，许多大政治家，大法理学家，大法官和立法者，在他们执行职务时，往往留下一种传统，一种遗风。这种传统和遗风，和宪法一样的有功效。比方美国的宪法，一百五十年来，并没有规定总统不得连任第三任，但由华盛顿总统留下了不连任第三任的遗风，直到罗斯福总统时，才打破这种传统，连任第三任，第四任的总统。后来到杜鲁门总统时，才修正宪法，改为总统不得连任二次。罗斯福总统之所以能连任第三任总统，正当第二次世界大战，为着"驾轻就熟"，才打破一百五十年的传统遗风，竞选第三任总统。前几天我在立法院说话，曾经说到，在行使职权中，可以留下某种和宪法同等的传统遗风。比方立法院的会议规则规定，有五分之一的人数，就可以开会，这是宪法所没有的，这种规定就是很好的传统遗风。不但立法机关如此，司法机关考试机关也是一样，只要内心是爱护国家的，为国家维持宪法，运用宪法，都可以留下它的传统和遗风。

回想制宪的时候，因为时间太短，中间又发生许多意外阻扰，耽误几个星期。在回到宪法本题时，大家又不免匆忙。当时想像这宪法的实行，一定很困难，可是现在这宪法已经行了四五年，又觉得这部宪法是可用的。运用这部宪法，替国家做了不少的事情。这种尊重宪法的精神，无论是在成文宪法，或者是不成文宪法的国家，都应该是一样的。英国是不成文宪法的国家，她的所谓宪法，完全是几百年来，许多大政治家，立法者和大法官留下的传统习惯，在国会的上下两院养成功，这些留下来的习惯和遗风，就成为所谓英国的宪法。现在我们行宪的立法监察两院，考试司法两院，和行政部门，从高级到地方，可说时时刻刻在替中华民国继续不断的制宪，不知不觉中，使我们的根本大法，意义格外深长，范围格外广大，运用格外灵敏。诸位在行宪时期，时时刻刻在替国家修改宪法，制定宪法，增加宪法的许多根本传统，诸位的一举一动，都可说在替国家补充宪法的不足，这种不自觉的贡献，是值得大家把它变为自觉的。

当此国家动荡时期，我很赞成梁先生提到的话，在宪法没有修正之前，我们不可无视宪法，要大家一致养成一种守法护宪的心理。前几天青年党的朋友请我们吃饭，提出几个问题问我，其中有一个问题，问到美国的宪法，一百六十多年来，为什么这样安定？法国革命和美国同时，为什么法国革命之后，始终不安定？宪法已经过四次的大变动，其中两次废除民主政治，回到君主时代，为什么两个同时产生的成文宪法，尤其法国宪法在本质上还较美国宪法格外彻底而理想，美国宪法这样安定，法国宪法怎么会不安定？当时我说过个人的看法：历史的教训告诉我们，民主制度不容易在大战的环境中，或者在战争威胁的气氛中生长成功。民主政治需有一种保障，一种和平的保障，安全的保障，避免战争的保障，才能使这个民主政体慢慢长大，成为一个力量。在实行民主政治的时期，最怕外患或者战争来摧毁这个制度。法国处在欧洲大陆，不容易有一个安定的局面，时时刻刻要顾到她四周的国家的侵略，随时有大战的危险。我们看看世界上站得住的几个民主政治的发祥地，他们所以能够成功为民主政治的摇篮，就是能免除外患和战争的威胁。比方英国，位处英伦三岛，和欧洲大陆相隔一个英吉利海峡，这个海峡的宽度，虽然不及台湾海峡的五分之一，飞机只需几分钟就可越过，可是在一千年前，甚至一百年以前，一个十九浬宽的英吉利海峡，相当于现在的大西洋，是个重要的保障。所以自公元一千二百年以后，将近八百年来，英国没有外患，没有被别国侵略和征服，可以继续发展其民主政治。当中虽然也有过危险时期，经过几次的摧残，但是民主政治还能继续的发展下去，一直到现在。以英国和法国来比，法国做不到的，英国能做到，症结所在是有了安全的保障。

其次是北美合众国，在没有发现太平洋之前，大西洋还是美国的重要保障，在美国独立后的一百六七十年间，虽有1812年和英国的战争，1861年的内战，以及以后的小战争，可说没有大战，至少没有被侵略的战争，没有大的兵乱，能够继续不断的培养和发展民主政治。所以法国不但无法和英国比，就和美国比，也显然不同。美国独立后，民主政制继续不断地在那里成长，而法国革命后，百多年来，就有两次恢复到王政帝制。第一次的革命，不过是暴民政治而已，以后又是连续的外患，继续的几次大战，得不到一种安全的保障，来好好实行民主政治。

此外，太平洋南部的澳洲和纽西兰，也是两个了不得的民主发祥地。比方，无记名的秘密投票，就是从澳洲开始的。记得我做学生的时候，无记名投票这名词，还是叫做澳洲投票法。后来风行到全世界，才忘了澳洲投票法这个名词，改为无记名投票。还有现在世界各国所公认的妇女参政，和劳工参政，最早实行的也是由澳、纽开始，然后才普遍于世界各国。澳、纽两国，能做一个民主发祥地，也因为她们四面临海，与外界隔离，免于侵略和战乱的威胁。

从以上三个例子来看，民主政治经不起外来的征服和战争的威胁；需要有和平的保障，安全的保障。但是当它在安全的时期慢慢奠立基础后，却成为保障和平的一种力量。像美国在1815至1914年，这九十九年间，可说是全世界保障和平的大力量；1914年以后，北美合众国这个力量，又成了保障全世界的大力量。在安全的保障下，十九世纪的英国，二十世纪的美国，不但保障了自己，而且养成了发展民主政治的一种力量。这是我那天答复中国青年党的朋友所提问题的一点感想。

现在回头来说我们自己的国家，我们正当战祸迫切时期，在过去的战乱中，几乎把整个国家亡掉，把大陆丢了，现在可说是流亡时期。幸而有台湾宝岛，在这四年之内，大家上下一致，做到现在这个局面，实在是中国历史上很侥幸的事情。现在这个局面是战争的局面，眼前大战不可避免，在这局面之下，政府各方面，行政部门权力的扩大，是当然的事，无法避免。刚才我说过，许多制度受不了战争的威胁，经不起战争的考验。在战争威胁之下，行政部门的权力扩大，乃自然的趋势。因为这个缘故，要合法保障宪法，养成尊重宪法的守法心理更为困难。可是我这次回国，看到许多情形，又很感觉安慰。前几天我也说过，诸位先生执行立法院监察院的工作,在宪法之下,于行宪的短短几年期中,养成一种合法的批评,合法的监察,合法的监督,合法的反对政府和制裁政府,这种力量的养成,是国家的幸福。行政部门的领导,如没有立法院监察院予以合法的制裁和限制,对于行政部门不利的,对于国家也是不利的。立监两院的同仁在这危险时期,在受战争威胁的这几年之中,各个人都在立法或监察的岗位,争取合法批评,合法弹劾,合法反对和制裁,行使宪法赋予的职权,这种精神,实在可佩。今天借这个机会和各位拜年,同时给各位致敬意。

(本文为1953年1月1日胡适在立法、监察两院制宪"国大"代表欢迎茶会上的演讲,原载1953年1月2日台北《"中央"日报》,又收入《胡适言论集》乙编,原附"答问"删去)

五十年来的美国

我很诧异,联合国中国同志会的座谈会,规模竟是这样的大,我先以为只是二三十人大家在一起谈谈的,想不到人数竟有这么多!座谈会要变成演讲会了。但我并不预备作正式的演讲,请仍照旧有的方式来进行。

联合国中国同志会座谈会过去所谈的多是关于文化方面的,包括古今中外。今天要我来讲的,仍是文化的一部分——五十年来的美国。

五十年来的美国,我亲眼见到了四十三年。四十二年前,1910年(宣统二年),我国有七十个公费留美学生,那时都还留着辫子,我便是其中之一。从那时起,我在美国读了七年的书,五年在大学城(以大学为中心的乡村城市)的康乃尔大学,两年在纽约的哥伦比亚大学。十年后——1927年又回到康乃尔大学。以后,每隔几年便要去美国一次,1933年、

1936年、1937年都去过。1939年奉命为驻美大使，做了四年的外交官，卸任后，因心脏病继续留居美国，又住了五年。1949年再度赴美，又住了三年。总计我在美国共住了二十年。这是我认为我可以向大家谈谈现在这个题目的原因。同时，五十年来的美国，在世界文化史上占了很重要的地位，使美国变成了世界领袖。这是我要讲这个题目的另一原因。

五十年来的美国，这个题目范围实在太大，不知该从何说起。我们简单的找出几方面的事实，将五十年前的与五十年后的作个比较，看看有什么不同，便可以知道五十年来美国文化的进步。

五十年前，美国人的财产是不缴纳所得税的。十九世纪末叶，美国政府拟开始实行所得税。可是，联邦最高法院却宣告所得税是不合法的，他们认为美国是自由平等的国家，有钱的不应该就多出钱，这是违背平等，不合宪法的。

1900年，美国钢铁大王卡里基每年的净收入为二千三百万美元，煤油大王劳克福每年的收入也在几千万美元，均不用纳税。而那时的散工，每天的工资仅得1.5美元，一年365天，有200天工可作的话，每年收入不过三百美元，工人平均的收入每年只400美元至500美元，比起钢铁大王、煤油大王的收入，实有天渊之别。

1910年，共和党的塔虎脱做总统，一般人都说他是守旧的，其实他是很有作为的。他是主张国际和平最力的人，美国的所得税法，就是在他的任内，由国会通过的。为了通过所得税法，特别提出宪法修正案，经四十八州的追认而成立。三年后（1913年），威尔逊总统时代，所得税才开始实行。当时的税率很低，年收入三千元至二万元的纳税百分之一；结过婚的人，税率的起征点自四千元开始，这样低的税率，说起来实在可笑。

所得税实行了三年以后，美国参加第一次世界大战，彼时所得税的征税机构已完全建立，人民也养成了纳税的习惯。于是将所得税税率提高，成为美国战时主要的财政来源。第四年，所得税的收入超过了关税，1920年，更超过关税十倍。照现在的规定，以钢铁大王二千三百万元的年收入，要缴所得税百分之九十以上。艾森豪不久以前新任命的未来阁员（国防部长）威尔逊，三年前个人年薪达六十余万美元，是全美薪俸最高的一人，他要缴所得税百分之八十，薪俸的实得数只有十余万元了。

自实行所得税后，美国五十年前贫富悬殊的现象，已告消灭了。现在美国人是以中产阶级占多数。据1948年的统计，年收入一千元以下的占全人口百分之十四点五，年收入一千元至二千元的占全人口百分之十（两项合计起来约为全人口的四分之一），年收入二千元至三千元的，占全人口百分之二十点六，年收入三千元至五千元的占百分之三十三点六（全人口三分之一），年收入五千元至一万元的，占百分之十七点九，年收入一万元以上的仅占百分之三。最可注意的是现在美国有钱人与无钱人所用的东西及日常生活上的各种享受，都完全一样。五十年前，在美国七千六百万人口中，销售的女子丝袜十五万五千双，而1949年，全国内销尼龙丝袜达五万四千三百万双，平均十四岁以上女性，每人每年可穿丝袜十双，有钱的无钱的都是一样。再说汽车，五十年前美国的汽车还很简陋，价钱却很贵，修理站极少，马路又崎岖不平，拥有汽车的人，为数极少，全国汽车总共不过一万三千八百五十辆。那时威尔逊总统还是大学教授，大骂汽车是最代表阶级性的，有车阶级兜风，无车阶级吸灰尘！1908年，怪人亨利福特，一个未受教育的机械工匠，看到这种情形，决心制造一种人人可以享用，人人买得起的汽车，发明了T式的摩托汽车，最初售价每辆九百五十美元，后来逐年增加生产（最初每年制造一万八千辆，十二年后每年制造一百二十五万辆），逐次减低售价，由九百五十美元跌至七百八十美元、四百九十美元，1924年已跌价二百九十美元，真正是人人买得起了。现在美国已登记的汽车四千四百万辆，平均每三人有一辆汽车。他如香烟、剃刀、电话、无线电收音机、电视器、真空吸尘器等,也莫不是普遍化标准化地大量生产,廉价供应。一些特殊的物品,反而近于绝迹,无论有钱的无钱的,都作同样的享受,花极少的代价,可以得到很高的享受,连交通不便的偏僻乡村,几乎家家户户都有电视设备。纽约有一家唱片代购社,原只有一间店面,现则扩充了许多间,每间都堆满了各种音乐唱片,托购的更是络绎不绝。

美国现在已经做到了没有阶级了,其所以能够慢慢的造成了这种地步,有两种主要原因:

一、社会思想的革新运动 五十年前,美国工商业巨子如钢铁大王卡里基、煤油大王劳克福、银行大王摩尔根,为了垄断市场,特组织托辣斯。正当他们威风显赫的时候,新闻界人士兴起了一种扒粪运动,专门研究事实,搜集证据,揭发黑幕,引起社会的革新。首先是女记者黛贝,她费了很多的工夫研究美孚煤油的历史,看看煤油大王是怎样的操纵着全美以至全世界的市场,结果揭发了托辣斯的内幕。另有一位记者林肯史丹芬,为研究市政腐败的原因,探究幕后操纵的老板(Boss),到处去访问、找材料,结果在杂志上发表了圣路易城的黑幕。美国霍斯特系报纸的主持人威廉霍斯特(去年逝世),年轻时也是一个扒粪运动的健将,他是一个理想者,社会改革者。他曾设法偷出了煤油大王,与大批参众议员来往的信札，内中有许多是分期送款的证据，霍斯特将它一一摄成照片，于1908年在报上发表。五十年前，美国劳工是无组织的。他们多来自欧洲，因为受不了欧洲政治的宗教的压迫，特跑到新大陆来，希望能过着自由平等的政治的宗教的生活。可是因为人数太多，工厂容纳有限，厂主们看了这种情形，乃以没有训练的，工资最低的工人为标准，来雇用工人。工人们不容易找到工作，有了工作的待遇也极低，生活是痛苦极了，尤以大城市纽约、波士顿、芝加哥等处的工人最甚。新闻记者雷斯把工人困苦的情形写成了一本书，名叫《那一半是怎么生活的》，引起了社会的注意，对工人遂予以组织，并改善其生活。除了新闻记者积极于社会思想革新运动外，一些政治家们也参加了这个工作，老罗斯福总统，便是其中之一。老罗斯福总统，是个了不得的人物，能说善写，有胆量，有勇气，三十多岁已大露锋芒，人家批评他是个野心家，选他为麦金尼的副总统，企图把他打入冷宫。麦金尼是领导美国战胜西班牙的人，除帮助古巴独立外，美国的领土大加扩充，菲律宾都成了美国属地（以前属西班牙）。美国人有许多是不喜欢美国走上帝国主义之路的，因之，对麦金尼甚表反对。1901年，麦金尼竟被一神经病人刺杀，老罗斯福遂得由冷宫进入白宫。老罗斯福籍隶共和党，本是个资本家的党，当他就任之初，也极力宣称将继续执行麦金尼的政策，可是第二年便叫司法部提出诉讼反托辣斯法案，解散摩尔根等所组织的西北铁路公司，开始打击托辣斯。当这个案子提出的时候，摩尔根穿着大礼服出席一个晚会，从电话上获得这个消息，面目失色，很气愤的说："这个小孩子，政治掮客，不同我好好商量！"老罗斯福一面打击托辣斯，一面并作种种的社会立法。有一天早晨，老罗斯福总统一面早餐，一面翻阅辛克莱的小说，这本小说是描写芝加哥屠宰场的黑暗与不卫生，老罗斯福看到了这些材料以后，立刻召集阁员和卫生专家商议改革，并向国会提出食物（包括药品）卫生检查法案，以改善公共卫生。这个法律，可以说是从一部小说出来的。

以人民的疾苦为背景，以事实和证据为武器，暴露黑暗面，唤起社会和政府的注意，从社会立法上加以改善。这种运动在美国文化上占最重要的一部分。

二、大量生产主义　大量生产的方法，就是以科学的组织，细密的分工，依一定的程序，使原料从这面进去那面出来变成制成品。这个方法首先大胆采取的，便是汽车大王亨利福特，他利用科学管理的方法，减低成本，缩短生产过程，提高工人待遇，减低工作时间，增进生产效率。这样，一方面可以达到大量生产和产品低廉的目的，一方面增进社会生活水准加强购买力，多产多销，仍旧是赚钱的。这种方法很快的运用到所有的工业上去，一切的物品都是价廉物美的，使所有的美国人都可以享受。在大量生产中，除制造技术外，还要注意到广告，广告是帮助大量生产的好工具，它的宣传，引起人们的欲望。当福特初制汽车时，许多报纸都画了一些可笑漫画，挖苦他，福特却并不见怪，认为这是免费的宣传广告，反大为鼓励，所以销路一天一天的广。

五十年来美国工业化的发展不是为少数人的享受而是为多数人的幸福，五十年前被视为恶人的，五十年后成了社会的恩惠者。煤油大王在五十年前曾拨出一笔巨款捐赠教会作慈善事业，教会认为他的钱是脏钱，拒绝接受。后来他将财产移充教育基金，组织普通教育委员会，由有社会眼光的Gales代为计划，以教育为中心，最重要的是大学教育。大学当中注重医学教育，创办医学研究院，中国的教育事业也得到了他的拨款二千二百万美元的基金，全世界的公共卫生医学都受他的影响。钢铁大王当初也是被人厌恶的，晚年，他把所有的财产登报公布，并征求如何使用。后来，以一部分财产创办了许多公共图书馆，以另一部分拨充世界和平基金，这能说不是伟大的贡献吗？

总之，五十年来的美国，是以社会的制裁，政治的制裁，和社会的立法，建立了自由民主制度。以大量生产建立了工业化的自由平等的经济制度，提高人民生活，无贫富之悬殊,作同等的享受,用不着革命(也不会有革命)而收到革新的效果。

附 综合答问

今天讲的题目,范围太大,我只粗枝大叶的讲了一些,有关的各方面的确还没有提到。今天所讲的并且是纯粹的历史的叙述,并无其他副作用。所得税和扒粪运动的举例,等于是海外奇谈,不涉及国内情形。不过,研究他国的历史文化,是可以作我们借镜参考的。

所得税是一种最公平的直接税。美国实行所得税,是由人民自动报缴的,以养成人民纳税的习惯。每年3月15日由人民依照政府所发表格填写每年的收入额和生活费用等,以扣抵后的净收入依规定税率报缴税款。税款与所填表格一同送交税收机关,如有填写或计算错误的,税收机关在短期内便予更正。税款多退少补,逾期滞纳或有虚报的,须受很重的处罚。美国人有一种"傻瓜"的精神,辛苦赚得的钱,节食俭用,而愿意多多缴纳税(或作救济施舍),以纳税多,名列前茅为荣。所以美国所得税的成绩很好。当然逃税的还是有,如纽约有一家饭店,分支店数十处,应缴所得税为数可观，饭店老板特聘请会计师专造假账，逃避纳税，以多报少，后来终被查觉，老板被处监禁还罚巨款。

美国的扒粪运动，所以能收到社会改革，政治改革的效果，唯一的武器，便是采取科学研究的态度去找颠扑不破的证据、铁的事实。说到责任问题，因为美国是民主法治国家，重证据，重事实，以事实证据揭发黑幕，是不会受到任何制裁的。被揭发的，当然不愉快，但因为有证据，没有法子赖。可是如果没有充分证据的话，便要负诽谤的责任。

美国是自由生产的国家，在大量生产下是没有法子节制资本的。但打击托辣斯，消灭垄断操纵，即是维护小工商业。

刚才有一位提到美国有物资文明，没有精神文明，有文明没有文化。这个观念，很值得我们想想，我以为这是一种错误思想。文明没有离开文化的。什么叫文明？什么叫文化？文明是一个民族应付环境，改造环境，造成思想、语言、文学、信仰的一些制度。工具也是制度，制度也是工具，没有一样不是有物质为基础的。我们中国古代对于这一点，已经讲得很清楚，《易经·系辞》："见乃谓之象，形乃谓之器，制而用之谓之法，利用出入，民咸用之谓之神。"由观念制成器具，如舟车以及所有人用的器具，都是起于象——一个观念。我们文化倒楣，就是迷信我们是精神文明，人家是物质文明，看人家不起，实际上那里是这回事呢！这种观念不打破，没有法子进步的。多年前我写了一篇文章，《我们对于西洋近代文明的态度》（这篇文章收入《胡适文存》和《文选》内），就是希望大家打破精神文明、物质文明分野的观念，法国柏格生说："人是制器的动物。"什么叫做精神？运用脑筋，并把他的聪明才智在物质上表现出来——造成器具，就是应付环境，改造环境，征服自然，控制自然，征服自然，为的是减少人的痛苦，增加人的幸福。在改造环境的过程中，其生活方式，叫做文化，文化是物质同精神的总称，物质与精神是不可分的。念经拜佛，是下等文化。为什么念经拜佛呢？不能用聪明才智改造环境，征服自然，控制自然。被物质压在底下爬不起来，只可念着："阿弥陀佛、阿弥陀佛"。凡是能利用聪明才智揭发自然的秘密，征服自然，控制自然，改造自然，用物质表现出来——作成工具，解除人类的痛苦，增进人类质与量的生活的，才是道地的精神文明。以苏俄来说，共产党控制了广大的土地，丰富的资源和两亿的人民，但苏俄人民没有享受，没有自由，失去了生活的意义。苏俄共产党虽拥有原子弹，这不是文明，而是野蛮。又如车轮，当初的确是一种了不起的发明，由车轮而发明了小车而汽车，你现在能说坐小车是精神文明，坐汽车是物质文明吗？乘坐用人推挽的小车，等于把人当牛马，这是不人道的，西洋早就没有这样的一回事。我从外面回来,不忍坐人力车,在上海住三年半,精神苦痛,这是在"物质"文明环境里住久了,发生的人道观念。人家人道观念实在比我们强得多。单凭这一点,西洋的精神文明,已就高过我们千万倍!我们自夸精神文明,是因为被"物质"文明压得抬不起来的一种说法,应该忏悔,应该惭愧!我们的文化辉煌过一时期,现在为什么站不住了呢?我们不妨承认自己有缺点,要有自我批评的勇气。对于"文明"、"文化"、"精神文明"、"物质文明"以及东西文化等,各人有各人的成见,我不希望能予洗刷,我更不希望因我的话使大家存了自卑的心理。

至于斯本格(Oswa'd Spengler)的书,我认为是无甚价值,不值得一看的,他的文化分期循环说,是当时的一种反动思想。他说美国黑人不懂得贝多芬的音乐,赛让的图画,殊不知美国黑人多有音乐天才,很多的黑人歌唱家,对于音乐有很多的贡献,在世界上都是有地位的。

(本文为1953年1月5日胡适在联合国中国同志会座谈会上的演讲,原载1953年1月6日台北《"中央"日报》)

从《到奴役之路》说起

我很高兴，刚刚过了一年，我又有机会回来同《自由中国》的许多朋友见面。我以为今天只邀请一、二十位朋友，可以随便谈谈。可是今天这个场合，很不方便说话；不是说我说话有什么不方便，我是觉得来宾多、地方小，大家太不舒服；所以我不愿意多说话。

顺便我要先报告一句话。今天上午美国旧金山有电报来打听我。他们听到：因为我于2月23日在《纽约时报》上发表了一些话，就在台湾被软禁起来了，行动不自由了。我当时就回一个电报说：还有二十分钟，我就要到陈院长那边吃饭去，下午还要到在装甲兵军官俱乐部举行的《自由中国》社茶会上发表演说。我借这个机会报告各位，胡适并没有被拘禁，行动还是很自由。

2月22日，《纽约时报》的新闻记者同我谈话时，我曾对他说："我所知道的，在台湾的言论自由，远超过许多人所想像的。"我还举了个例子。他们大概是因为篇幅的关系，没有登出来。我举的例子是说：比方我们《自由中国》最近七八期中连续登载殷海光先生翻译的西方奥国经济学者海耶克（F. A. Hayek）（原系奥国经济学者，后来住在英国，现在美国芝加哥大学任教）所著的《到奴役之路》（The Road to Serfdom）。我举这个例子，可以表示在台湾有很多的言论自由。因为这种事例，平常我们是不大注意的。这部书出版于1944年，到现在已出了十版，可说是主张自由主义的一部名著，也可说是新的主张个人自由主义的名著。这本名著的用意，就是根本反对一切计划经济，反对一切社会主义。一切计划经济都是与自由不两立的，都是反自由的。因为社会主义的基本原则是计划经济，所以尽管自由主义运动者多少年来以为：社会主义当然是将来必经之路，而海耶克先生却以一个大经济学家的地位出来说：一切社会主义都是反自由的。现在台湾的经济，大部分都是国营的经济，从理论与事实上来说，像海耶克这种理论，可以说是很不中听的。但不仅《自由中国》在最近七、八期中继续登载海耶克名著的译文，另外我又看到最近一期《中国文摘》中，转载了《中国经济》第三十九期的一篇文章——高叔康先生所撰的《资本主义的前途》。这一篇文章中也提到海耶克及另外一位经济学家方米塞斯（Von Mises）。这都是反对计划经济，都是反对社会主义的。《自由中国》，我不用替它登广告了；我记得高叔康先生在这篇文章里以为我们现在"对于资本主义应该有个重新的估价，作为将来经济制度应走什么方向的一面镜子；这应该是我们当前在精神上、认识上最重大的急务。"最后，他在结论中说："我以为资本主义不但不会崩溃，而且还有光明灿烂的前途。"

这些议论都可以表示自由中国有一班政治的、经济的思想家们，大家都在那里从基本上，从理论上，从哲学上，对现在国家经济政策作一个根本的批评，以便对症下药。我认为这是一个很好的现象。

我今天带来了一点材料，就是在两年前，我在外国时，有一位朋友写给我一封讨论这些问题的长信（这位朋友是公务员；为了不愿意替他闯祸，所以把他信上的名字挖掉了）。他这封信对于这个问题有很基本的讨论，和海耶克、方米塞斯、殷海光、高叔康诸先生的意思差不多完全一样。因为这封信很长，我只能摘要报告。他首先说："现在最大的问题：大家以为左倾是当今世界的潮流，社会主义是现时代的趋向。这两句话害了我们许多人。大家听到这个很时髦的话，都以为左倾是当今的一种潮流，社会主义是将来必然的趋势。"他就驳这两句话，不承认社会主义是现时代的趋向。他说："中国士大夫阶级中，很有人认为社会主义是今日世界大势所趋；其中许多人受了费边社会主义的影响，还有一部分人是拉斯基的学生。但是最重要的还是在政府任职的许多官吏，他们认为中国经济的发展只有依赖政府，靠政府直接经营的工业、矿业以及其他的企业。从前持这种主张最力的，莫过于翁文灏和钱昌照；他们所办的资源委员会，在过去二十年之中，把持了中国的工业、矿业，对于私有企业（大都是民国初年所创办的私有企业）蚕食鲸吞，或则被其窒息而死。他们两位（翁文灏、钱昌照）终于靠拢，反美而羡慕苏俄，也许与他们的思想是有关系的。"我念这封信的意思，就是表示我们中国在国内的学者、在国外的学者，在几年前已有慢慢转变过来的意思了。他又说："我们不相信共产主义的人，现在了解社会主义只是一种不彻底的共产主义。它的成功的希望，还远不如共产主义为大。"在这几年来，老牌的社会主义国家如澳洲、纽西兰等，都相继的抛弃了社会主义。两年前英国的劳工党自选举失败后，也离开了社会主义。当时《纽约时报》的社论说："现在实行社会主义的国家，只剩下了瑞典和挪威两个国家了。"所以我们可以说，现在抛弃社会主义而归向资本主义的趋势是一个很普遍的趋势。

不过我个人也有一个忏悔。现在我的《胡适文存》第一到第四集都已在台湾印出来了，是由台湾台北远东图书公司给我印的。《胡适文存》第三集的开头载有一篇文章，题目是《我们对于西洋近代文明的态度》。那篇文章是我在民国十五年的一篇讲演录。我那年到欧洲，民国十六年到美国，也常拿这个话讲演；以后并且用英文重写出来印在一部颇有名的著作《人类往何处去》（Whither Mankind）里，成为其中的一篇。我方才曾提到那位我在外国时写信给我的中国朋友在信中指出来的许多中国士大夫阶级对于社会主义的看法。在二十七年前，我所说的话也是这样的。那时候我与这位朋友所讲的那些人有同样的错误。现在我引述一句。在民国十五年六月的讲词中，我说："十八世纪的新宗教信条是自由、平等、博爱。十九世纪中叶以后的新宗教信条是社会主义。"当时讲了许多话申述这个主张。现在想起，应该有个公开忏悔。不过我今天对诸位忏悔的，是我在那时与许多知识分子所同犯的错误；在当时，一班知识分子总以为社会主义这个潮流当然是将来的一个趋势。我自己现在引述自己的证据来作忏悔。诸位如果愿意看我当初错误的见解，可以翻阅《胡适文存》第三集第一篇，题目是《我们对于西洋近代文明的态度》。

为什么这班人变了呢？为什么在台湾的许多朋友，如殷海光先生、高叔康先生变了呢？为什么我那位朋友写几千字的长信给在国外的我，表示我们应该反悔，变了呢？为什么今天我也表示反悔,变了呢?我这里应当声明一句:我这个变不是今天变的。我在海耶克的书以前好几年已经变了。诸位看过在《自由中国》的创刊号有张起钧先生翻译我的一篇文章:《民主与极权的冲突》,但是没有记上年月。其实那是1941年7月我在美国密歇根大学讲演的文章,原题目是Conflict of Ideologies("思想的斗争"或"思想的冲突")。这里面有一句话:"一切的所谓社会彻底改革的主张,必然的要领导到政治的独裁。"下面引一句列宁的话:"革命是最独裁的东西。"实在,要彻底的改革社会制度,彻底的改革社会经济,没有别的方法,只有独裁——所谓"一朝权在手,便把令来行"——才可以做到。这是1941年7月我在美国密歇根大学的讲演的意思。那时候我就指出民主和极权的不同。我就已经变了。为什么大家都变了呢?这个不能不感谢近三十多年当中,欧洲的可以说极左派和极右派两个大运动的表演;他们的失败,给我们一个最好的教训。极右派是希特勒、墨索里尼,德国的纳粹与意大利的法西斯;德意两国的失败是大家所明见的。极左派是俄国三十七年前的布尔雪维克革命;苏俄自己当然以为是成功的,但是我们以社会、历史、经济的眼光看,不能不认为这是一个大的失败。这都是社会主义,极左的,与极右的社会主义,拿国家极大的权力来为社会主义作实验;而两种实验的结果都走到非用奴役、集中营,非用政治犯、强迫劳工,非用极端的独裁,没有方法维持他的政权。因为这个三十多年的政治、经济的大实验,极左的、极右的大实验的失败,给我们一个教训,我们才明白就是方才我这位朋友在信中所指出的:"社会主义也不过是共产主义的一个方面;它的成功的程度,还远不如共产主义那么大。"这话怎么讲呢?就是,如要社会主义成功,非得独裁不可,非用极端独裁、极端专制不可,结果一定要走上如海耶克所说的"奴役之路"。

今天我要讲的不过如此。我们在台湾看到《自由中国》、《中国经济》,大家都不约而同的讨论到一个基本问题,就是,一切计划经济,一切社会主义,是不是与自由冲突的?在外国,如在美国,现在有好几个杂志,最著名的如《自由人杂志》(Freeman),里面的作家中有许多都是当初做过共产党的,做过社会主义信徒的,现在回过头来提倡个人主义、自由主义的经济制度。这种在思想上根本的改变,我们不能不归功于三十七年来世界上这几个大的社会主义实验的失败,使我们引起觉悟——包括我个人,在今天这样的大会里当众忏悔。我方才讲,这是好现象。我希望政府的领袖,甚至于主持我们国营事业、公营事业的领袖,听了这些话,翻一翻《自由中国》、《中国经济》、《中国文摘》等,也不要生气,应该自己反省反省,考虑考虑,是不是这些人的话,像我胡适之当众忏悔的话，值得大家仔细一想的？大家不妨再提倡公开讨论：我们走的还是到自由之路，还是到奴役之路？这是一个很重要的问题。今天我们这个门已经开了；我们值得去想想。这样，我相信自由中国的这种自由思想，自由言论，是很有价值的。这对于我们国家前途是有大利益的。不但是在现在台湾的情况下如此；就是将来回到大陆上，我们也应该想想，是不是一切经济都要靠政府的一般官吏替我们计划？还是靠我们老百姓人人自己勤俭起家？

什么叫做资本主义？资本主义不过是"勤俭起家"而已。我们的先哲孟子说：老百姓的勤苦工作是要"仰足以事父母，俯足以蓄妻子，乐岁终身饱，凶年免于死亡"。老百姓的辛勤终岁，只是希望在年成好时能吃得饱，年成不好时可以不至于饿死。这怎能算是过分的要求？但这个要求可以说是资本主义的起点。我们再看美国立国到今天，是以什么为根据的？他们所根据的"圣经"是《佛兰克林自传》——一部资本主义的圣经。这里边所述说的，一个是"勤"，一个是"俭"。"勤俭为起家之本"，老百姓辛苦血汗的所得，若说他们没有所有权是讲不通的。从这一个作起点，使人人自己能自食其力，"帝力何有于我哉！"这是资本主义的哲学，个人主义、自由主义的哲学。这是天经地义，颠扑不破的。由这一点想，我们还是应由几个人来替全国五万万人来计划呢？还是由五万万人靠两只手、一个头脑自己建设一个自由经济呢？这是我们现在应该讨论的。我觉得这一条路开得对；值得我今天向大家忏悔。大家都应该忏悔。我们应该自己"洗脑"；被别人"洗脑"是不行的。我以为我们要自己"洗脑"才有用，所以我今天当众"洗脑"给大家看。

（本文为1954年3月5日胡适在台北《自由中国》杂志社欢迎茶会上的演讲词，由刘明炜、杨欣泉、萧仲泉记录，原载1954年3月16日《自由中国》第10卷第6期）

对立法院的寄望
立法院欢迎会上讲词

院长，副院长，各位委员：

诸位今天这样的招待我，真是我莫大的荣幸。多年来我在国外跑来跑去，受立法机关的招待只有两次，一次是我任驻美大使的时候，新泽西州（New Jersey）州长爱迪生先生（J. Edison）——大发明家爱迪生的儿子，邀我在新泽西州的两院联合会讲话。第二次是1949年，我到美国路经檀香山的时候，夏威夷议会邀我在上下两院分别讲话。夏威夷虽还不算是美国正式的一州，但议会也是民选的。我国和日本在夏威夷都有很多侨民。很有趣的夏威夷上院议长是日籍的美国公民，下院议长是中国籍的美国公民。那时正是我们国家多难的时候，我个人能够先后受到这两个地方的立法机关的招待，并跟他们讲话，实是一件荣幸的事。而今天我们中华民国的立法院给我以这样盛大的招待，更是我莫大的荣幸，我非常感谢，我觉得不敢当。请诸位接受我最诚恳的谢意。立法院的同仁中有很多是我的老朋友、老同事、老同学。有这机会见面，我也很高兴。

刚才院长给我出了两个题目，要我报告国外情形，又要我谈谈国外的立法机关。我很惭愧，觉得这两个题目对于我都太大。

行宪立法院成立了四年多。在座有许多是制宪的国大旧同仁，我们回溯历史，当还记得制宪时的困难情形。中华民国宪法就是那时制定的。说到宪法我觉得我们的宪法有许多地方与世界的宪法很不相同，有一些规定是别的宪法所没有的。譬如在立法机关之外有国民大会这个重要组织，别国宪法里很少有这样的规定，同时，立法院监察院也不完全和西欧英美系统的两院议会相同，并且我们的立法院是没有法子解散的，立法院可以倒阁（行政院），而内阁不能解散立法院，这也是我国宪法中一种比较特殊的条文。我不懂宪法学，没有学过政治，以我外行的看法，我觉得我们立法院的地位是最特殊的，是最高的立法机关，在宪法的保障之下没有法子被解散。

刚才院长说立法院只有四年多的历史，好像是自谦幼稚。以我这个虽参加制宪国大，但没有学过宪法学，没有学过政治的人的观察，觉得这四年来大家已经创立了中华民国立法机构的好传统。这个传统，有些是宪法所规定的，有些是诸位在议会的规则里创制的。其中有几件也是很特殊的，例如委员有五分之一的人数出席便可以开会，这是一个很重要的规定。尤其在这几年国家危难，大陆整个崩溃的时候，大家奔走离散，以五分之一为开会的法定人数，是很有道理的。恐怕当初订这条规定时并没有想到将来会发生作用。这是一种很好的"遗风"，值得将来保留的。关于这一点，许多朋友们谈到英国议会的开会人数，英国下院有六百余议员，以前只要有三四个议员到会便可以开会，后来改为有三十至四十人到会便可以开会。我们立法院规定有总数五分之一的委员出席便可以开会，是很聪明有远见的。还有一条规定，我当初是很不赞成的，在行宪的那一年，我从北方到南方，立法院的朋友告诉我立法院的表决是规定无记名的，我听了以后，觉得这是值得严重考虑的。议会的代表是代表区域选民或代表职业团体，对于议案的表决，应该有对区域选民对职业团体负责任的表决方式，如点名的方式。国外议会对于普通议案的表决，是由议长用口头表决（Viva Voce），赞成的说"是"，不赞成的说"否"，然后由议长宣布：多数通过，或多数不通过。至于重要议案则只要一个人提议要点名，议长便要采用点名方式表决。

当初立法院定无记名投票这条规定，我所以不赞成，因为立法院立法委员，代表全国各区域各职业团体，代表人民，代表各党各派，会议时对一个议决案，意见不一定一致，记名表决，可以看出那个党，或者那些人的意见，有个负责的表示；有了无记名表决的规定，恐怕将来养成不负责的现象，使一个党，对他们的党员无法控制了，人民也没有办法来追问他所选出的代表，对于某个法案是赞成，还是反对，负了什么责任。我这个意思，曾明确地和政府以及立法院的朋友谈过，无记名表决的规定，是世界各国议会最特别的一条。但是这一条经过立法院几年来的运用，使我最近的思想，少许有了一点转变。最初中华民国立法院定这一条也许觉得不很合理，但由于诸位先生以公道态度来运用它，也许在世界各国议会中，可以保留了一种特殊的传统，特殊的遗风。因为在今天的中华民国没有对立的党，只有一个大党在立法院占绝大多数，在这个时期这一条对少数人也许是一个保障。我从前的看法错误了。诸位先生在实验中，采取了这一条规则，由于这条规则的运用，也许能做成功中华民国立法院优良的起点。

张院长要我介绍一点外国的议会制度，我简单说一点最不合理的外国议会制度。就英国议会来说，它是各国议会之母，为议会的老祖宗，下院六百多位议员，而议席上铺着红毯子的凳子，只有四百个座位，最多只能容三分之二的议员。虽然在二次大战中，议会被炸，修建以后做了新的凳子，但是英国人很守旧，仍然是那么多座位。座位不足人数。当开会的时候，最初只要有三四个人就可开议，后来规定到二十人，三十人，现在规定十分之一也只要六十人就可开会。许多议员都常在国会的餐馆休息，听到表决的铃声的时候大家才进会场，赞成的站在一边，不赞成的站在另一边，分队表决。表决完了，又回休息室休息。他们的传统遗风没有过半数的规定，实行了几百年，还影响到别的国家放弃过半数开会制度。像中华民国立法院采用五分之一的法定开会人数，倒可以树立一种好的遗风。

还有一个最不合理的制度，就是美国参议院会议通则的一条规定，即讨论不能中止。这个规定与众议院规定不同，因为参议院议员是由各州选出的，每州二名，最初十三州只有二十六个议员，都是各州孚人望的元老，坐在两张桌子旁边面谈，在大家讨论到没有话说时，大家心悦诚服，再来表决。所以有这个规定，这本来是客气的意思。可是这种传统，后来变成对参议员的重要保障。他们一个案子，只要有少数一二个人反对，他要阻止案子通过，只要取得发言权，就可以无限制的说下去。说了三五个钟点，疲倦的时候还可以让给别人发言，略作休息再来继续发言。这样拖延下去，甚至拖延几日之久，拖到会议闭会的时候案子不能通过，无形的延搁起来。这种捣乱（Filibustering）办法在我做学生的时候就曾看到威斯康辛州参议员拉·佛莱特（La Fallet）等以九个人反对一个案子，应用这个办法阻止了一个议案的通过。那时正当第一次世界大战，参议员中一些爱好和平的，反对威尔逊总统参战，所以用这一条规则来反对他，到后来政府运用参议院的多数，才好不容易把案子通过。

当时大家觉得这条规则殊无道理，对于会议的进行有障碍，但是还有保障少数的作用，结果只对这条作一个修正，规定有十六位议员的提议，经全体议员三分之二的赞成通过，才可以限制讨论，限制每一位议员的发言时间不得超过一点钟。计算一下参议院的九十六位议员，每人发言一点钟，需要九十六点钟，讨论一个问题，如果经九十六点钟的讨论，要有四天四夜，除了每天的休息时间之外，最少得要八九天的讨论，才能说完。他们这种规定，虽然不合理，可是现在实行了一百六七十年，还没有办法把它废止，其原因就是能在特殊情形下，发生某种保障少数的作用。

当我还在美国作学生的时候，时常看到参议院有人反对某一个议案发表许多演说，今天说了，明天再说，明天说不完，后天又说，我就想过，为什么不能定一个法律把它停止呢？等到我老了一点，年纪大一点，人情世故也懂了一点，才觉得这个规定好像也有它的道理，所以觉得有许多东西我还是知道得太少。我很抱歉，因为这几年我在国外不大到各国国会去看他们开会，没有多少研究，但是过去也稍许研究过各种国会的制度。比方分组委员会的组织，各区域代表人数，以及选举年限等，觉得许多地方是值得参考的。我个人有一个希望，就是希望贵院同仁能够有机会参加世界性立法机关的组织，轮流参加各种会议，至少每年能有几个人出去看看许多国家的国会组织，可以得到许多暗示，也许他们有许多方法比我们好。譬如贵院的委员会分组制度，似乎值得重新考虑，委员会太大，而且主席只是召集人，不是固定的主席，讨论专门一点的法案，往往不容易得到结论，等于一个全院委员会。像这一种情形，是不是值得考虑呢？不过，这仅是举例而言，我绝对不敢对贵院的制度有所批评，我只以为各国议会制度是值得去看看的。譬如美国国会有好几个委员会权力最大，拨款委员会不重要，但筹款委员会（Ways and Means Committee）的权力大极了。筹款的方式是发公债还是抽税呢？"Ways and Means"的意思是想法子。要他想法子筹款，所以他对于拨款的案子可以将原案减去三分之一或三分之二。这个委员会人数很少，主席就是多数党的领袖。譬如现在美国由民主党执政转变为共和党执政，共和党上台，很多人乐观，我就和许多朋友说过不可太乐观。因为共和党竞选政纲有一条很重要的规定，就是对内要紧缩，他们认为民主党的政府机构太庞大，对内对外花钱太多。我就告诉我国的朋友们说：这一党上台，参众两院都是要改组，就是他们说的"改组国会"。怎样改组呢？就是每个委员会的主席要由多数党担任；委员会的人数，多数党也要占多数，最少要多一个人。美国议会明年一月开会，我们看众议院筹款委员会的组成，就纽约州的众议员 Tober 先生的资格经验各方面来说，明年他一定当选主席。而 Tober 先生是有名的最能削减款项的刽子手。尽管参议员塔虎脱先生说外援款太多了，我们要削减，对欧洲要削减，对中国不能减少；但是筹款案子都得先从众议院开始。我举这一例，是说明有的地方我们不能太乐观了。我们明白共和党上台有很多要改进，他们的紧缩政策也许要影响到我们。我说这样话，并不是要诸位悲观，而是表示我们对国外许多政治的变迁，不要看得太过度乐观。同时举这个例子表示其立法机关委员会的权力之大。因为有固定人数，有系统，代表党、代表多数党，一个案子委员会不提出就没有法子通过。如果委员会不提出而要在全院会议提出，就要费很大的力量，一定要过半数表决才能够提出。这种制度也许值得我们参考。我很希望各位有机会参加世界性的议会团体，去看看各国议会的工作情形。一方面使得我们感觉到我们已有了几种特殊值得保存的特殊传统，一方面借此得到借镜而有所修改。这是我以一个不懂政治不懂宪法的人随便说的。

的确,各位在国家危急的这几年中,能够与政府一起,支持政府渡过难关,可以说是贵院树立了中华民国立法机关的遗风,慢慢造成一个——我在外面几次公开讲话中也谈到过我所希望的——合法的批评政府,合法的反对政府,合法的制裁政府的机关。我以一个不懂宪法的人妄谈政治,总觉得民主政治最要紧的基础,就是建立合法的批评政府,合法的反对政府,合法的制裁政府的机关。在现阶段,立法院是最高立法机关,而且受宪法保障,没有方法解散的立法机关。合法的批评,合法的反对,合法的制裁,当然是全国人民所瞩望的,我们立法院当然也就是全国人民所瞩望的国会。我初来台湾时,有人告诉我立法院有一个传统,就是自居在野,而把行政院看作在朝。这一传统,在我看来,至少不是一件坏事。我以为这就是中华民国行宪四年来有意无意形成的传统。这传统对于宪政具有深长意义。使立法院居于在野,居于合法的批评,合法的反对,合法的制裁政府的地位,无论如何解释,对我这个外行人,总觉得这一传统是很好的现象。本来所谓三权分立制度,就是希望有制裁有平衡有均衡的作用。五权分立也是如此。只要这种传统是基于公道态度,爱护国家,爱护人民、保障人民权利,帮助政府渡过难关,替人民树立合法的批评,合法的反对，合法的制裁的一种传统，一种遗风，这是很有价值的。我以外行和老百姓的眼光观察是如此。对于各位先生谨表示敬意和感谢。

（本文为1952年12月4日胡适在台湾立法院欢迎会上的演讲，收入1953年台北华国出版社出版的《胡适言论集》乙编）

五四运动纪念

一　五四运动之背景

中国加入欧战时，全国国民，皆抱负极大希望，以为从此以后，对外赔款，可以停付——至少可以停付五年；治外法权，可以废止；关税主权，可以收回。当时，日本人已先中国数年，加入战争，派遣军舰，专与东方的德国势力为难；接收青岛，续办胶济路，所有德国人在华的势力，居然落到他们手中去了。彼时中国人尚不如何着急，因为日本政府曾有表示，望此次接收，不过暂时之事，将来"终究归还中国"；不料到了第二年——1915年，日本非独不把山东方面的权利，交还中国，抑且变本加厉，增制许多条件，向中国下"哀的美敦书"，强迫中国承认，中国无法，只能于5月9日签字承认。于是中日二国的感情，越弄越坏，坏到不可收拾了。

中国正式加入欧战,是1917年。前此之时,虽有华工协助协约国与德国开衅;但未经中国政府正式表示,到了1917年,中国政府,公然向德绝交,向德开战。翌年11月11日,德国终于失败了,一种代表军国主义和武力侵略主义的势力,终于被比较民治化的势力屈服了,欧战遂此告终。全世界人皆大庆祝此双十一节,中国自亦受其影响。5月17那一天,所有北京城内的学校,一律停课,数万学生,结队游行,教育部且发起提灯大会,四五万学生,手执红灯,高呼口号,不可谓非中国教育界第一创举。影响所及,遂为以后的"五四运动"下一种子;故虽谓五四运动,直接发源于此次五六万人的轰轰烈烈的大游行,亦无不可。非独此也,教育部且于天安门一带,建筑临时讲台,公开演讲。事后北大停课三天,要求教育部把此临时讲台,借给北大师生,继续演讲三天。演讲时间,每人限以五分钟,其实,每人亦只能讲五分钟,因为彼时风吹剧烈,不到五分钟,讲员的喉咙,已发哑声,虽欲继续,亦无能为力了。因此,各人的演词,非常简括,却又非常精采。此后在《新青年》杂志上所发表的如蔡元培的《劳工神圣》和我的《非攻》等篇,皆为彼时演词之代表。但有人要问,我们为什么要如此做呢?原来彼时北京政府,"安福俱乐部"初自日本借到外债六万万元,一时扬武耀威，非常得意。我们见之，虽有非议，亦无法可想，彼时既有教育部首先出来举行公开演讲，我们亦落得借此机会，把我们的意见，稍微发泄发泄。后来，我因母丧离开北京，故未得亲自参加这个大运动的后半剧。

1919年1月18日，交战诸国开和平会议于法国Versailles宫中，中国人参加者，有政府的代表，有各政党的代表，又有用私人名义去参加者，以为美国威尔逊总统的十四点，必可实行，中国必能在和会之中，占据许多利益；至少，山东问题，必能从和会中得着满意的解决。然而威尔逊毕竟是一个学者的理想家，在政治上玩把戏，那里敌得过英国的路易乔治（David Lloyd George）及法国的克列孟梭（Clemenceau）这一班人呢？学者遇着"老虎"，学者惟有失败而已！

二　五四运动之发生

4月28日，国际联盟条文，正式成立，尚觉有点希望。过了二天，到了4月30日那一天，和会消息传出，关于山东方面的权利，皆付与日本，归日本处理。消息一到，前此满腔热望，如此完全失望了！全国愤怒，莫能遏制，于是到了5月4日那一天，学生界发起北京全体学生大会，开会以后，到处游行（外传北京学生会曾向东交民巷各公使馆表示态度说不确）。

后来，奔到赵家楼胡同曹宅，撞破墙壁，突围而进，适遇章宗祥在那里躲避不及，打个半死，后脑受着重伤；当场即被捉去学生二三十人，各校皆有，各校校长暨城内绅缙名流，皆负责担保。后来消息传到欧洲，欧洲代表团，亦大受感动，同时更用恐吓手段，打电报给我国出席总代表陆征祥，如果他糊里糊涂的在山东问题条文中签了字，他的祖宗坟墓，一概将被掘；外交团迫于恐吓，自不敢轻意签字了。于是在5月14日那一天，中国代表团，又在和会内重新提出"山东问题"，要求公平办法，始终没有得着好的结果，而中国代表亦始终没有签字，所以然者，实因当时留欧中国学生界，亦有相当的运动，包围中国公使馆不许中国官员擅自签字之故。可是这样一来，当时办教育的人，就棘手了，好在他们亦不欲在这种腐败的政府下供职，于是教育部中几个清明的职员及北大校长蔡先生等人，相继辞职。那时，政府正痛恶那一班人，他们既欲辞职，亦不挽留。然而当时的学生界怎能任这一班领袖人物，轻轻引退呢？于是大家主张挽留。为欲营救被捕的学生，为欲挽留被免的师长，同时又要继续伟大的政治运动，故自5月20日起，北京学校，一律罢课，到处演讲，诸如前门大街等热闹地方，皆变成学生的临时讲场了；对于城内交通，不无影响，于是北京军警，大捕学生。但军警捕捉学生越着力，学生的气焰，越加热烈，影响所及，全国学生，相率罢课，天津的学生界，于5月23日起，宣布罢课；济南的学生界，于24日宣布罢课；上海的学生界，于26日宣布罢课；南京的学生界，于27日宣布罢课；后来连到军阀的中心势力所在的保定学生界，亦于28日决议罢课；向者为北京学生界的爱国运动，今其势力，已风动全国学生界，而变成全中国的学生运动了。同时北京被捕的学生，亦益发增多，城内的拘留所，皆拘满了，一时无法，就把北大第三院，改成临时拘留所，凡遇着公开讲演的学生，军警辄把枪一挥，成群的送入北大第三院内，院之四周，坚筑营盘，昏夜看守。后来第三院的房子内住不下了，又把第二院一并改为临时拘留所。斯时杜威博士适到北京，我领他去参观就地的大监狱，使他大受感动。后来，忽有一天，到了6月3号那一天，院外的营盘，忽然自动撤销了，看守的军警，各自搬场了，一时不知其故，后来才明白上海学生界，即在6月3号那一天，运动商界，一律罢市三天，并要求政府罢免曹、陆、章三人的职务。政府见来势汹险，无法抵抗，终于屈服下来；自动撤销营盘，自动召回军警，即是政府被人民屈服的证据，而曹、陆、章三人，亦于同日被政府罢掉了。此为5月4日到6月3日几近一月中间的故事，最后的胜利，终于归属学生界了。

三　五四运动之影响

如今且约略考究五四运动的影响,它的影响,计有二方面:一为直接的影响,一为间接的影响。直接的影响,能使全国人民,注意山东问题,一面禁止代表签字;一为抵制日货,抵制日货的结果,许多日本商人,先后破产,实予以重大打击,故日本野心家,亦渐生戒惧之心了;再加上其他友国的帮助,故于1921年"华盛顿会议"中,当中国代表重新提出山东问题时,中国着实占点便宜。其结果,日本终于把山东方面的权利,"终究交还中国"了。

至于间接的影响,那就不能一样一样的细说了!

第一,五四运动引起全国学生注意社会及政策的事业。以前的学生,不管闲事,只顾读书,政治之好坏,皆与他们无涉。从此运动以后,学生渐知干预政治,渐渐发生政治的兴趣了。

第二,为此运动,学生界的出版物,突然增加。各处学生皆有组织,各个组织皆有一种出版物,申述他们的意见。单说民国八年一年之内,我个人所收到的学生式的豆腐干报,约有四百余份之多,其他可无论了。最奇怪的,这许多报纸,皆用白话文章发表意见,把数年前的新文学运动,无形推广许多。从前我们提倡新文学运动,各处皆有反对,到了此时，全国学生界，亦顾不到这些反对，姑且用它一用再讲，为此"用它一用"的观念的结果，新文学的势力，就深深占入学生界的头脑中去了，此为五四运动给予新文学的影响。

第三，五四运动更予平民教育以莫大影响。学生注意政事，就因他们能够读书，能够看报之故。欲使平民注意政事，当亦使他能够读书，能够看报；欲使平民能够读书，能够看报，唯一的方法，就在于教育他们。于是各学校中，皆创立一个或数个平民学堂，招收附近平民，利用晚间光阴，由各学生义务教授；其结果，平民教育的前途，为之增色不少。

第四，劳工运动亦随五四运动之后，到处发生。当时的学生界，深信学生一界，势力有限，不能做成大事，欲有伟大的成就，非联合劳工各界，共同奋斗不可。但散漫的劳工，不能发生何种势力，欲借重之，非加以组织不可，于是首先与京汉路北段长辛店的工人商议，劝其组织工会，一致奋斗。一处倡之，百处和之。到了今日，各处城市，皆有工会组织，推原求本，当归于九年以前的五四运动。

第五，妇女的地位亦因五四运动之故，增高不少。五四运动之前，国内无有男女同学之学校，那时，妇女的地位，非常低微。五四运动之后，国内论坛，对于妇女问题，渐生兴趣,各种怪论,亦渐渐发生了;习而久之,怪者不怪,妇女运动,非独见于报章杂志,抑且见诸实事之上了!中国的妇女,从此遂跨到解放的一条路上去了。

第六,彼时的政党,皆知吸收青年分子,共同工作。例如进步的党人,特为青年学生,在他们的机关报上,辟立副刊,请学生们自由发表意见。北京《晨报》的副刊,上海《民国日报》之"觉悟",即其实例。有的机关,前时虽亦有副刊,唯其主要职务,不外捧捧戏子,抬抬妓女,此外之事,概非所问;五四以后,他们的内容,完全改变了:诸如马克思、萧伯纳、克鲁泡特金等名词,皆在他们的副刊上,占着首席地位了。

其在国民党方面,此种倾向,益觉显著。论日报,则有《民国日报》的各种副刊;论周报,则有《星期评论》;论月刊,则有《建设》杂志等等;其影响于青年学生界者,实非微事。非独此也,他们并于民国十三年中国国民党改组之际,正式承认吸收少年分子,参加工作,此种表示,亦因受着五四运动的影响之故,就中尤以孙中山先生最能体验五四运动的真意义。彼于1920年正月9日那一天,写信给海外党部,嘱以筹金五十万,创办一个最大的与最新式的印刷机关,其理由,则为:

自北京大学学生发生五四运动以来，一般爱国青年，无不以革新思想为将来革新事业之预备；于是蓬蓬勃勃，发抒言论，国内各界舆论，一致同倡，各种新出版物，为热心青年所举办者，纷纷应时而出，扬葩吐艳，各极其致，社会遂蒙极大这影响，虽以顽劣之伪政府，犹且不敢撄其锋。此种新文化运动，在我国今日，诚思想界空前之大变动，推原其故，不过由于出版界之一二觉悟者，从事提倡，遂至舆论放大异彩，学潮弥漫，全国人皆激发天良，誓死为爱国之运动。倘能继长增高，其将来收效之伟大且久远者，可无疑也。吾党欲收革命之成功，必有赖于思想之变化，兵法攻心，语曰革心，皆此之故；故此种新文化运动，实为最有价值之事。

——孙中山先生《致海外国民党同志书》

孙先生看出五四运动中的学生，因教育的影响，激于义愤，可以不顾一切而为国家牺牲；深信思想革命，在一切革命中，最关紧急；故拟创办一个最大的与最新式的印刷机关，尽量作思想上的宣传工夫；即在他自身的工作上，亦可看出这一点来。民国八年以前，孙先生奔走各处，专心政治运动，对于著作上的工作，尚付阙如，只有《民权初步》及《实业计划》二部分的著作，于民国八年以前作成；民国八年以后，他的革命方向，大大转变了，集中心力，专事著作，他的伟大著作，皆于此时告成。这是什么缘故呢？就因为他认定思想革命的势力，高过一切，革命如欲成功，非先从思想方面入手不可，此种倾向，亦就因为受着五四运动的影响的结果。

五四运动为一种事实上的表现，证明历史上的一大原则，亦可名之曰历史上的一个公式。什么公式呢？

> 凡在变态的社会与国家内，政治太腐败了，而无代表民意机关存在着；那末，干涉政治的责任，必定落在青年学生身上了。

这是一个最正确的公式，古今中外，莫能例外。试观中国的历史，东汉末年，宦官跋扈，政治腐败，朝廷上又无代表民意的机关，于是有太学学生三万人，危言正论，不避豪强；其结果，终于造成党锢之祸，牵连被捕死徙废禁的，不下六七百人。又如北宋末年，金人南犯，钦宗引用奸人，罢免李纲以谢金人，政治腐败，达于极点，于是有太学生陈东及都人数万，到阙下请复用李纲，钦宗不得已，只好允许了。又如清末"戊戌政变"，主动的人，即是青年学生；革命起义，同盟会中人，又皆为年青的学生；此为中国历史上的证据。又观西洋历史,中古时代,政治腐化,至于极点,创议改革者,即为少年学生;1848年,为全欧革命的一年,主动的人皆为一班少年学生,到处抛掷炸弹,开放手枪,有被执者,非遭死戮,即被充军,然其结果,仍不能压倒热烈的青年运动,亦唯此种热烈青年运动,革命事业,才有成功之一日。是以西洋的历史,又足证明上面所说的一个公式。

反转来讲,如果在常态的社会与国家内,国家政治,非常清明,且有各种代表民意的机关存在着;那末,青年学生,就无需干预政治了,政治的责任,就要落在一班中年人的身上去了。试观英美二国的青年,他们所以发生兴趣,只是足球、篮球、棍球等等,比赛时候,各人兴高采烈,狂呼歌曲;再不然,他们就去寻找几个女朋友,往外面去跳舞,去看戏,享尽少年幸福。若有人和他们谈起政治问题,他们必定不生兴趣,他们所作的,只是少年人的事。他们之所以能够安心读书,安心过少年幸福者,就因为他们的政治,非常清明,他们的政治,有中年的人去负责任之故。故自反面立论,又足证实上面所讲的历史上的公式。

自从五四运动以来,中国的青年,对于社会和政治,总算不曾放弃责任,总是热热烈烈的与恶化的挣扎;直到近来,因为有些地方,过分一点,当局认为不满,因而丧掉生命的,屡觏不鲜。青年人的牺牲,实在太大了!他们非独牺牲学业，牺牲精神，牺牲少年的幸福，连到他们自己的生命，一并牺牲在内了；而尤以25岁以下的青年学生，牺牲最大。例如前几天报上揭载武汉地方，有二百余共产党员，同时受戮，查其年龄，几皆在25岁以下，且大多数为青年女子。照人道讲来，他们应该处处受社会的保障，他们的意志，尚未成熟，他们的行动，自己不负责任，故在外国，偶遇少年犯罪，法官另外优待，减刑一等，以示宽惠。中国的青年，如此牺牲，实在牺牲太大了！为此之故，所以中国国民党在第四次全体会议中所议决的中央宣传部宣传大纲内有一段，即有禁止青年学生干预政治的表示。意谓年青学生，身体尚未发育完全，学问尚无根底，意志尚未成熟，干预政治，每易走入歧途，故以脱离政治运动为妙。

（本文为1928年5月4日胡适在上海光华大学的演讲，由文浒笔记，原载1928年5月10、11日上海《民国日报·觉悟》副刊）

纪念"五四"

全国的青年，全国的同胞。

我在这整整五年里，没有发表过一篇国语的文字，没有发表过一篇国语的演说。今天有这机会向全国广播，我感觉十分高兴。

今天是"五月四日"是"五四"运动的第二十三周年的纪念。二十三年前，巴黎和平会议不顾中国政府和国民的意志，向日本作绝大的屈伏，把山东问题交给日本支配。这个消息传到了中国，北京的学生在天安门前开抗议的大会，作示威的游行。这一群学生整队走到东城赵家楼要见当时的外交总长曹汝霖，曹汝霖关了大门，不肯见他们。他们打进门去，找不到曹汝霖，打伤了驻日本公使章宗祥。

这个事件在历史上叫做"五四运动"。这个学生运动，发动在北京，引起了全国的响应。全国学生罢课，全国的商人罢市，全国的公共团体纷纷打电报给政府，给巴黎的中国代表团，不准他们接受巴黎和约。在欧洲的中国学生和工人组织了监察队，把中国代表的住宅包围起来，整日整夜的监视着他们，不准他们出席去签字。

巴黎和约中国没有签字，留下了法律的根据，作为后来华盛顿会议和平解决山东问题的地步。这是"五四运动"在中国历史上在中日外交史在世界历史上的意义。

今天是"五四运动"的第廿三年，是我们对日本抗战的第五十八个月，是第二次世界大战的最吃紧关头。我们在这个日子纪念"五四"，当然不是要回想过去，是要借过去来比较现在，使我们可以明白现在，了解将来。

我们全国国民在这个时候最关心的当然是这一次世界大战争的结果如何，和我们国家民族的前途如何。

第一，我可以毫不迟疑的告诉你们，这次大战的最后胜利一定是属于我们和我们的同盟国。眼前的吃亏，败挫都只是暂时的，都不必忧虑。我在最近三个月内，走了一万五千英里的路，亲眼看见美国全国上下一致的努力作战时生产的工作，亲眼看见全国的工业在短时期内完全改成了战时工业。飞机，坦克车，军火的生产量现在已经赶上轴心国家的生产量了。就是最困难的造船工业，美国也在拼命的发展。美国今年可以造成八百万吨的船，明年可以造成一千万吨的船。我昨天刚从Rocky Mountains飞回来，我可以告诉你们现在美国高山上也在造船了！这样的生产力量，有了运输，我们的同盟国的最后胜利是绝对无可疑的。

第二，对于战后的世界，我也毫不迟疑的说，我们必定可以期望一个新的世界和平，新的世界秩序。这一次大战的敌人和朋友，分的最清楚，和上次大战有根本的不同。一来是日本成了同盟国的公敌；二来是我们中国这五年来是一个主要的作战国家；三来是我们二十六个同盟国家从没有订立什么出卖别国主权利益的秘密条约；四来是我们的同盟国曾宣布接受罗斯福大总统和邱吉尔首相的八条《大西洋约章》（*Atlantic Charter*）以后的世界和平总可以用这八条原则做蓝本。有了这四点大不同，我们可以放心大胆的期望，在这次战争结束以后，不但完全做到我们中华民国在世界上的自由平等，并且要建立一个和平的，公道的，繁荣的，快乐的世界。

最后，第三，我们国家民族，在蒋委员长的领导之下，经过这多年的抗战，取得了受世界敬仰的地位，以后我们的责任也就更重大了。

这廿多年世界和平的局面是日本"九一八"一炮打碎了的。但是全世界抵抗强暴，抵抗侵略者的精神是我们中华民族的血重新建树起来的。所以罗斯福大总统四月廿八夜的广播词里曾说:"我们要记得中国是第一个民族起来抵抗侵略的。这个打不倒的中国,在将来,不但对于东亚的和平与繁荣,并且对于全世界的和平与繁荣,都要担负相当的责任。"全国的青年,全国的同胞,不要忘了我们的朋友罗大总统对我们的期望。我们在这辛苦血汗的抗战期间,都应该想想我们国家民族在将来的世界上可以负担的责任。我们不但要从多年抗战里出来建立一个新的国家,新的文明,我们还得尽我们的能力,帮助全人类维持全世界的和平公道,增进全世界的繁荣,提高全世界的共同文化。我们古代哲人本来曾说过:"先天下之忧而忧,后天下之乐而乐。"我们要拿出这种精神来担负将来的大责任。

(本文为1942年5月4日胡适在华盛顿对国内的广播讲词,原件存中国社会科学院近代史研究所)

五四运动是青年爱国的运动

问：今日是"五四"运动纪念日，我想请问胡先生，"五四"的起因是什么？

答：安先生，你年纪太轻啦，连"五四"运动的起因都不知道吗？"五四"运动，其实不是个运动，是在民国八年五月四日那一天所发生的一些事情，当初并没有什么运动，也没有什么计划，在"五四"的前几个月欧洲的第一次世界大战，就是民国七年的十一月十一日停战啦，叫双十一节，停战之后，就是第一次世界大战终了啦，于是参战的国家，筹备和会，在巴黎开和会，讲和的条件，那时候，就是民国八年春天，在巴黎的维赛亚皇宫开和会，中国的代表团也到啦。美国的代表团是威尔逊总统出席，在第一次世界大战终了的时候，美国的威尔逊大总统是全世界最受欢迎的，他有所谓改造世界的十四点主义，就是威尔逊的理想震动了全世界。大家都希望在这一次的世界大战在和会里边，总可以使新的世界来临。从前所谓不公道的，现在都可以变成公道的啦，从前所谓不合理的，现在都合理啦。所以那个时候大家还记得在北京的中央公园，有一个牌坊叫"公理战胜"。那时候大家都有一个梦想，人人都想，世界经过这么大的牺牲，经过几年的苦战。世界大战是从1914年到1918年，就是从民国三年到民国七年，四年多的血战，所以大家有一个理想，以为这一次世界大战完了，威尔逊的理想，可以满足那些受压迫的民族，新世界将来临。殊不知，我们到了3月4月才慢慢的感觉到，我们的理想不容易满足。威尔逊大总统到了和会里边，才晓得从前打仗的这些国家，都是东一个秘密的条约，西一个秘密的条约，都把那些弱小民族的、那些弱国一些的权利，在那些秘密条约里都答应人家，都出卖掉啦。等到美国在1917年参战，是民国六年。等到威尔逊的一股理想加入战争，殊不知道，许多国家都是有秘密的条约。比如影响我们中国的，就是日本在中国有许多权利，日本参战，她没有到欧洲去，她就是出兵在山东这边，把青岛、山东胶济铁路这个区域，尤其是青岛，德国人在中国的权利拿过去啦，比如是德国人抢去的权利，现在要给日本人，在中国这是个很大的问题。就是收回山东省内德国人当初以强迫中国拿去的权利，中国人要收回、废除这些不平等的权利。

现在日本出兵从德国人手里拿回去啦。这个山东问题，就是"五四"那一天的最重要的问题。到了4月底，消息慢慢的就不好啦，就是那时候，我们还希望山东问题，德国人的所有权利，现在我们参战啦，德国人打败啦，投降啦，德国人在山东的权利，应该还给中国。而日本人说我们出兵打来的，这个权利应该是我们的，在和会里讨论时应该交给日本人，让日本同中国来交涉。这是山东问题最重要的一个焦点。

到了4月底5月初的时候，消息慢慢的传出来啦，说是连美国的威尔逊总统，美国的代表团都不能帮我们的忙。所以我们在山东的权利，恐怕要吃亏啦。要由和会交给日本，由日本来同中国办交涉，我们这个弱国在日本人手里怎会能得到权利呢，怎能收回呢。我们不相信日本，不放心日本。结果这个消息在政府里边有人传出来，传到几位教育界的领袖，我们北京大学的校长蔡元培先生知道后，然后这个消息传出去给学生，学生就开会要求中国不承认日本取得山东的权利，我们还要继续要求山东失掉了的权利，如果作不到呢，我们的代表在巴黎的和约不应该签字。

"五四"运动，当时并不是运动，就是刚刚碰得巧在5月初，这消息才传出来，报上还没登出来，不过这秘密很可靠的，就是我们的代表团在巴黎的和会要失败啦，我们在山东的权利，从前德国人拿去的，现在日本人要抢去，而日本人不肯还给中国。和会交给日本，让中国自己想法子向日本交涉，这个中国人不承认，为了这个原故，那天开会，实在是抗议巴黎和会对于我们不公道的这种决定，这种秘密的消息传出来，北京的学生在天安门外开会，各学校的学生，北京大学的学生领头，从开会我有详细的纪录。北京有十几个学堂，在民国八年五月四日的下午，有十几个学堂的学生，几千学生在天安门开会，人人手里拿着一面白旗写着"还我青岛"，真的问题是"青岛"，德国人占去啦，给日本人用兵力占去啦，现在日本人占据不还给中国，"还我青岛"是个大问题。其实不但青岛一处，整个山东，尤其胶济铁路这个区域，在山东省内德国人的权利，德国人用强力取得的权利，日本人拿去啦，所以那个时候，人人手里拿着白旗写着"还我青岛"，还要杀卖国贼曹汝霖、陆宗舆、章宗祥。曹汝霖是那个时候的外交总长，陆宗舆是那个时候最亲日的，尤其同日本借债很有关系，章宗祥是那个时候驻日本的代表，所谓"曹陆章"三个代表都是亲日派的，还有旗上写的"日本人的孝子贤孙"四大金刚这些人都要打倒。

5月4日那天是礼拜天，那个时候学生好，他们要开会的时候，不在上课的时候开会，都要在礼拜天开会。他们从天安门开会，整队出中华门，沿路发传单，后来走到东交民巷，那个时候，外国公使馆都在东交民巷，他们想到美国大使馆和其他国家的使馆去请愿，要求他们的政府主持公道。走过东交民巷再往东，这班人是示威游行，到了东单牌楼石大人胡同一直到赵家楼，赵家楼的曹汝霖的家里，预备去见曹汝霖，要求他主张不要签字。结果曹家的大门都关上啦，大家都喊叫啦，学生们都生气啦，外面有几百名警察，把守曹汝霖的家。这些学生有的爬到墙上去，有的一个站下面，一个站在他的肩头上，再爬上去就跑到曹汝霖的家里，北方的房子很容易爬进去，墙都是低的，没有楼房的。有人进去开了门，学生都冲进去啦，曹汝霖也找不到，后来找到一个在曹家吃中饭的客人，就是驻日本公使的章宗祥，就把他打了一顿，他受伤啦，在这个时候，恐怕是曹家的人一把火把房子烧啦，结果火起来啦，学生就跑啦。在路上不是排队，大家散啦，结果就抓了几十个学生，各学校的校长就保学生，把学生保出来。这样子，一方面学生罢课，还是继续反对巴黎和会，继续反对日本，到外面讲演。

"五四"本来就是为巴黎和会，不公道的决定，与中国不利的决定，要抗议这样子开始的，这么一闹下去，抓学生啦，因为学生还继续在外面开会讲演，就是抵制日货，中国没有力量打日本，有力量制日本经济的方面死命，就是我们中国人不买日货，抵制日货。后来中国政府的警察就干涉，结果学生越弄越多，一直闹下去，闹到六月，到了后来学生更多啦，差不多每条街上都有在那里讲演，就是不买日货，抵制日货，我们用经济力量打日本，继续收回我们的权利。要求我们的代表不接受巴黎和会的决定，不许签字。这样闹到六月，然后我们中国政府大规模的抓学生，有的时候一千两千的抓，关到北京大学的法科里面，就是法学院，这样一来，几千学生被抓，消息传出去，到了上海、南京、安庆这些地方，商人罢市，工人罢工，商店都关门啦，结果政府也屈服啦，把曹汝霖、陆宗舆、章宗祥三个人免职，这就是国内政治上的胜利。国外政治胜利呢？那个时候全国都响应，各公共团体，爱国的团体，各地方的商会、学会、教育会、同学会都电报，无数的电报都打到巴黎和会去，不许中国代表签字，同时在欧洲中国留学生组织起来，组织监察队，监视中国代表团的行动，不许他们到巴黎和会去签字，结果中国代表团没有敢出席巴黎和会，因而在和约上没有签字。到第二年，第三年才在美国总统哈定另集所谓华盛顿会议，再重新提出中国的山东问题出来，然后我们收回了山东，收回了青岛的权利。这都是"五四"运动学生出来抗议，不接受巴黎和会关于山东的决定，中国代表团没有接受巴黎的议和的条约，是可以说我们留下来这一条路，把山东问题，经过华盛顿会议，中国同日本交涉才把青岛、山东收回。这是所谓"五四"运动。当天的情形就是这么一回事。你问"五四"的起因要走到第一次世界大战，要走到前一年，前几个月十一月十一，就是民国七年停战，从停战才产生巴黎的和会，在美国参战以前有许多秘密条约。要打仗，要有力量，要找朋友，找同盟国家，结果是不妨把我们这个弱国的权利拿来卖掉了之后，才能抓住朋友，所以他们这些国家等于应许了日本某种某种的权利，是我们吃亏，幸而这时候青年学生在民国八年五月四日，在四十一年前的今天，这是"五四"运动本身是如此。

问：谢谢您这样详细告诉我们。

答：四十多年啦，大家都不记得啦，所以我讲得详细一点，很对不起。

问：谢谢您告诉我们这个伟大的节日当时的情形和结果。那么中共常常说，"五四"运动是他们搞出来的，您对这一点有什么意见呢？

答：这种话（笑）真是不值得撬的，这句话，可以说是笑话。中国共产党在那个时候是1919年，在民国八年就没有共产党这个东西，也没有共产党这个组织，直到民国十年（1921）7月1日才有中国共产党的组织。所以在民国八年哪里有中国共产党，毛泽东在湖南的湘潭作学生，那个时候共产党在中国哪里有地位。"五四"发生（笑），中国共产党成为党,还在两年之后。这个真是大笑话。这是不要脸的"吹"。

从五四运动谈文学革命

问："五四运动"有人比作"文艺复兴运动",关于这一点,胡先生您一定有很深刻的见解,是不是可以请您谈一谈?

答：安先生,这件事不是这么简单,深刻不敢说。历史是很复杂的,这是很复杂的问题,我们那个时候一般人都年轻,二十多岁。远在"五四"以前,我们一般人还在外国留学的时候,一般年轻人注意中国文艺的问题、文学的问题、中国的文字问题、中国的教育问题、中国的思想问题、中国的社会问题,特别是中国的文学问题、文艺的问题。中国的文字很难,很难教、很难学,中国的文字是死的文字,死了两千年啦,语文是不一致。现在你们不觉得啦,在我们那个时候,小孩子念书,教科书都是古文写的,每一句话要翻译的,客气一点,叫讲书,讲书就是翻译,就是用现在的白话,翻译死了的古文,每一句话都是要翻译的。所以那个时候,是教育上的问题,教科书上的文字应该用什么文字,拿死的文字来教呢?还是用活的文字来教?文学用死的文字作文学呢？还是用活的文字作文学？要人人都听得懂，人人都看得懂，这些问题，远在那个时候大家在国内，也就是中国文艺复兴问题，不是一天，远在几十年，在民国以前，在革命以前，像梁启超先生他们，那就是一种革新文字，那个时候提倡小说，也就是新文字改革的起点，不过我们一般人，在美国作学生的时代，就在我们的宿舍里面彼此讨论。宿舍与宿舍之间，大学与大学之间讨论，所以就讨论到文字的问题，中国文字的改革问题、中国文学的改革问题，应该怎么样经过一种改革。所以远在民国八年以前，在民国四年、五年我们在国外已经讨论很久很久啦，有好几个人，在国外反对我的就是梅光迪先生，在哈佛大学。同我参加讨论的有任叔永先生，有朱经农先生，我们都是在国外做学生的时代。我们那个时候就讨论中国文学的问题，后来有许多结论，其中的一个结论，就是中国的文字是死了的文字，这死文字不能够产生活的文学，这是我们的结论。要替中国造一个新的文学，只能用活的文字，活的文字在那儿呢？就是我们一般老百姓嘴里说的，嘴里说的出来，耳朵听得懂，人人可以听得懂，人人可以看得懂，这是活的语言，就是白话，拿白话我们举出许多证据出来，从古代慢慢的变下来，不知不觉的，有这个需要，尽管白话不能拿来考秀才，不能拿来考举人，也不能拿来考进士，也不能得翰林，不能求功名，不能做官，然而老百姓的要求，爱好真正文艺的人，有这个要求，已经走上一条用活的语言作文学的，比方《水浒传》、《红楼梦》、《儒林外史》这一类的，和《西游记》小说都是用活的语言著的。所以我们说这就是证据，我们有活的文字，可以有资格作中国文学的语言。不过我们这般朋友们，总是有些人守旧，你们这白话也好，也许有用处，白话只写那些人家看不起的小说，白话不够作上等的文学，特别是不能作诗，不能拿来作高等的文艺；高等的文艺，好的散文，尤其是诗要用古文作的。诗、词都是最高等的东西，决不能用老百姓粗的土话拿来写，必须要经过一种训练，一种磨练的上等人的文字。这样我们讨论，没有别的法子，我们主张从民国六年、民国五年在国外就开始，好啦，我们没有别的法子，我们来试试看，你承认白话可以作小说，可以产生伟大的小说，但是，不能作诗，好啦，我们拿白话来试试看。从前的确没有多少人用白话来作诗，有是有，不过没有一个人专门用白话来作诗的，也没有人提倡不许用古的死的文字来作诗的，用活的文字来作诗的，我们现在何妨试试看。所以我就在民国五年的八月，我就向我的一班朋友宣告，我们从今天起，不作古文的诗，一定用白话来作诗。后来，中国的第一部诗集，叫《尝试集》，拿白话尝试来作诗，中国诗。我们那个时候远在民国五年的八月，我们在国外就有这种运动，同学们讨论啦、作试验、作白话诗啦，到了民国六年正月一号我的一篇文章叫作《文学改良刍议》，这是头一篇文章，我们在外国作留学生，第一次到国内来发表要提倡，要改革中国文字。我们那个时候，在民国四年、民国五年、民国六年，我是民国六年七月才回国的，我们在国外已经很激烈的讨论，讨论了多少年，有许多问题，其中讨论最激烈的就是文学问题。我们在民国五年就已经决定啦，至少我个人决定啦，我们大家都已经得到结论啦，大家承认，就是最守旧的已经承认啦，白话够得上作小说，可以产生《水浒传》、《红楼梦》、《西游记》、《儒林外史》这一类的小说啦。这是已经让步啦，但是还有许多不承认的哪，就是守旧这班同学不承认，就是中国的俗语、土话、白话没有经过文人学者的训练、磨练，所以不配产生高等的文学，不能作诗，不能作诗词，不能作高等的散文，所以我们那个时候打定主意，就是我个人在民国四年、民国五年八月就向朋友宣告，从这个时候起不用古文，不用死的文字作诗，以后要用白话，用活的语言，老百姓的话，用活的语言来作诗，作散文，作一切的文学，简单一句话，就是死的文字不能产生活的文学，而我们要替中华民国造一种新的文学，就得用活的语言来作。这个运动，我们在国外一般学生讨论，讨论了两年，到了民国五年年底，我才写了一篇文章，把我们这一年半两年来，讨论的结果，这些结论写出来，写两个本子，同时发表。一个是《留美学生季报》，一年出四本，一个副本送给陈独秀先生主持一个杂志叫《新青年》杂志，在上海出版的。那个时候陈独秀先生作北京大学的文科学长，现在我们叫文学院长。他一方面作文科学长，一方面主持这个杂志。我这篇文章的一个本子寄给他，很和平的一篇文章，叫《文学改良刍议》，刍议就是一个草案，很谦虚的一篇文章。不过，陈独秀先生是同盟会老革命党出身，他看了我这篇文章，他很赞成。他接下去，就在民国六年二月《新青年》的第二期就发表《文学革命论》，在国内第一次提出文学革命这个字，是陈独秀先生在民国六年二月《新青年》提出来的。其实我们在国外那几年讨论，我常常谈到文学革命的问题，文学必须革命的，已经早就有啦。

所以，讨论中国革新的问题，用白话来作中国文学，一切的文学，诗、词、散文、小说、戏曲等等一概都得用活的文学来写，早就讨论了。民国六年才在国内开始成了公开讨论的大问题。很有趣的就是，我们一般留学生在国外大学宿舍里通信讨论一些问题，可是在国内有许多老辈那些北京大学很有学问的国文先生，他们觉得不错，他们赞成，比如钱玄同先生啦，陈独秀先生他们出来赞成，这样一来，在国内我们得到支持的人，得到赞成的人。在国外一般留学生在宿舍讨论的问题,在国内变成公开讨论的问题。所以就成了中国的文艺复兴运动,这个时候开始,远在公开发表的时候,民国六年的正月初一出版的《新青年》杂志,我还没有回国的时候在国内已经讨论啦。等到我民国六年回国加入这个讨论,《新青年》第一个杂志改用白话,登白话的文章,就成了全国的运动。

这个运动与"五四"运动有什么关系呢?我们那个时候讨论等于全国都有,那个时候的刊物很少。北京大学一般学生,傅斯年先生、罗家伦先生这一般人,都是北京大学的最优秀的学生,国学的程度,中国文学的训练,都是很高的,他们倒是看见他们的先生们的提倡是对的,他们加入,他们在民国七年出版一个杂志叫《新潮》,中文名字叫《新潮》,英文名字叫*The Renaissance*,这是北京大学的学生傅斯年这一般人办的。Renaissance就是再生。欧洲所谓文艺复兴运动。中国所谓文艺复兴运动,远在民国八年以前。不过"五四"运动有什么关系呢?"五四"运动这么一来之后,北京大学的学生成了学生的领袖,北京大学的教授从前提倡所谓文艺复兴运动,就是用白话作文学这种主张,思想改革。文学革命这个话,从北京大学提倡,北京大学的地位提高啦。公认北京大学是对的,那时候各地学堂都有学生会,学生会他们要办刊物,都是小的刊物,或者用排印的,或者用油印的,或者手写壁报,学生要出刊物,学生要出壁报,大家自然而然都用白话作。结果民国八年、民国九年之中,我收到的各地方出的这种青年人出的刊物总在三十多种都用白话。所以,"五四"运动帮助文艺复兴,从前是限于《新青年》、《新潮》几个刊物,以后就变成一个全国的运动。但是,"五四"运动也可以说害了我们的文艺复兴。什么原故呢?"五四"运动刚才我讲的跟我们没有关系的,那是个没有计划的运动,"五四"是大家爱国心爆发,是北京大学学生领导,那个时候北京大学地位高,清华在那个时候叫清华学堂,师范大学叫高等师范,在北京的国立大学只有北京大学一个,所以大家说北京大学领头。结果,好像北京大学是领袖,同时呢?因为北京大学的先生们,学生们在前几年提倡思想解放,文学革命这种观念,结果慢慢借这个机会就推广出去啦,其实,与我们并不是一件事,并没有关系的。那是一个爱国运动,事先没有计划,没有一种有意的运动。比如孙中山先生有一封信,他写给海外的国民党的同志,那个时候是革命党的同志,在民国九年正月二十九日他说:

> 自北京大学学生发生五四运动以来,一般爱国青年,无不以革新思想为将来革新事业之预备;于是蓬蓬勃勃,发抒言论,国内各界舆论,一致同倡,各种新出版物,为

热心青年所举办者，纷纷应时而出，扬葩吐艳，各极其致；社会遂蒙绝大的影响，虽以顽劣之伪政府，犹且不敢撄其锋。此种新文化运动，在我国今日，诚思想界空前之大变动，推原其始，不过由于出版界之一二觉悟者，从事提倡，遂至舆论放大异彩，学潮弥漫全国，人皆激发天良，誓死为爱国之运动。倘能继长增高，其将来收效之伟大且久远者，可无疑也。吾党欲收革命之成功，必有赖于思想之变化，兵法攻心，语曰革心，皆此之故；故此种新文化运动，实为最有价值之事。

——录自孙中山先生《致海外国民党同志书》

这封信是孙中山先生写在"五四"以后七个多月写的，他的看法到现在我认为是很公允的。这件事本身就是"五四"与新文化运动，所谓"新思潮运动"所谓文艺复兴运动不是一件事，不过这件事的本身呢？至少孙中山先生说，因为思想运动，文学运动在前，所以引起"五四"运动。至少他承认归功于思想革新，同时思想革新在兵法上说攻心，心理作战是最重要的，所以他的结论说：我党（革命党）要收革命之成功，必有赖于思想之变化。这样说起来，可以算是"五四"也可以说帮助，同时也可以说摧残，为什么呢？因为我们从前作的思想运动，文学革命的运动，思想革新的运动，完全不注重政治，到了"五四"之后，大家看看，学生是一个力量，是个政治的力量，思想是政治的武器，从此以后，不但国民党的领袖孙中山先生，后来国民党改组，充分的吸收青年分子。在两年之后，组织共产党，拼命拉中国的青年人。同时老的政党，梁启超先生他们那个时候叫研究系，他们吸收青年。所以从此以后，我们纯粹文学的、文化的、思想的一个文艺复兴运动，有的时候叫新思想运动、新思潮运动、新文化运动、文艺复兴运动就变了质啦，就走上政治一条路上，所以现在那些小的政党都是那个时候出来的。中国国民党改组和共产党都是那个时候以后出来的。因此我们纯粹作文艺复兴运动就这几年工夫，我们从留学生时代算起，民国四年、五年、六年、七年第二年的八年共四年半。要是从民国六年正月一号算起吧，有两年的工夫，这两年工夫就变了质啦，变成一个政治力量啦，糟糕啦！这样一来，以后的局面也变啦。所以我们现在回到"五四"这一天，只能说"五四"本身决不是文艺复兴运动，而"五四"本身是爱国运动，完全是青年人爱国思想暴露啦，事先没有一点计划，不是一种运动，在这一阵当中，对付中国国家的民族危险的问题，就是我们眼看见山东、青岛发生大问题，权利要掉啦，这是爱国问题。不过同时他一方面帮助我们的文艺复兴思想的运动，同时也可以算是害了我们这纯粹思想运动变成政治化啦,可以说变了质啦,在我个人看起来谁功谁罪,很难定,很难定,这是我的结论。(接着哈哈……哈……。)

(本文为1960年5月4日胡适应台北广播电台记者安先生谈话录音,收入《胡适演讲集》中册,台北:胡适纪念馆1970年编辑出版)

武力解决与解决武力

许多愚人还说这一次欧战的结果,完全是"武力解决"的功效,这是大错的。

我说这一次协商国所以能完全大胜,不是"武力解决"的功效,乃是"解决武力"的功效。

"武力解决"是说武力强权,可以解决一切争端。德国就是打这个主意的。我们中国也有许多人,是打这个主意的。

"解决武力"是说武力是极危险的东西,是一切战争兵祸的根苗,不可不想出一个怎样对付武力的办法。这一次协商国所以能大胜,全靠美国的帮助,美国所以加入战团,全是因为要寻一个"解决武力"的办法。协商国因为要得美国的助力,故也同心合意的赞成美大总统"解决武力"的政策。要不是这个"解决武力"的主意,美国决不加入。美国若不曾加入,协商国决不能得如此之大胜利。

所以我说,这一次的大胜全是"解决武力"的功效。

如今且说美大总统所主张,协商各国所同声赞成的"解决武力"的办法是什么。原来从前也有人想过"解决武力"的法子,大概有两条:

(一)用以毒攻毒的法子。你用武力,我也用武力。你练兵,我也练兵。你造铁甲船,我也造铁甲船。你造飞机,我也造飞机。

(二)用不回手的法子。你用武力,我决不回手。你打我一个嘴巴,我把脸凑过来,请你多打两下。你拿了我的东三省,我拿内外蒙古一齐奉送。

这两个法子都是有大害的。

(一)以毒攻毒的法子是不行的。为什么呢?因为武力是没有限制的。英国总算强了,然而打不过德国;德国的武力总算天下第一强了,然而德国到底打不过世界各国的大联军。这叫做"强中更有强中手,恶人终怕恶人磨"。武力到底是不行的。

(二)不回手的法子,也是不行的。为什么呢?因为国家对国家,所关系的很大,不但关系自己国内几千万人或几万万人的生命财产,还要带累旁的国家。如这一次大战开始时,德国要通过比国去攻法国。比国是极小的国,若是不回手,就让德国通过,那时德国立刻就打到巴黎,英国法国多来不及防备,德国早就完全大胜了。幸而比国抵住一阵,英法的兵队,方才有预备的工夫。只此一件事就可见不回手的法子,不但自己吃亏,还要连累别人。所以也是不行的。

那么,现在各国所主张的解决武力,是怎样一个办法呢?他们的办法有几条要紧的主意,可以分开来说:

第一,他们公认现在世界的大祸根,在于各国只顾用自己的武力来对付别国的武力,这种武力的办法,有许多害处:

(1)大家斗着加增军备,花了几万万万的金钱,只苦了几千万万的百姓。

(2)大家都有了军备武力,正如地雷火炮都安好了,碰着一根小小的火柴,立刻就要爆发。这是最可怕的危险。

(3)这种各国私有的武力,互相对抗,半斤对八两,一拳敌一脚,都抵消了,都白白的糟蹋了,到底不能做什么有益处的好事。枉费了几万万的金钱人命,却不能有什么益处,这不是傻子干的事吗?

第二,他们公认要解决武力这个问题,须把各国私有的武力变成世界公有的武力。这就是说,要把互相对敌互相抵消的武力变成互相联合的武力,武力同向一个方向去尽力,这个共同尽力的方向,就是全世界的和平,就是万国公法,就是世界公理。我且说两个比喻：

（1）比如我这两个拳头，这边有二十斤气力，那边也有二十斤气力，我若用两个拳头对打，这边的气力被那边的气力抵消了；两边的气力都白用掉了。我若是用两个拳头联合起来，可举起四十斤重的东西，这便是两边的气力同向一个方向尽力的大功效。

（2）再比如北京城的警察，你看全城的警察何尝不是武力，但这些武力是用来向一个方向去尽力的。这个方向便是北京人民的治安，便是中国的法律。因为他们同心合力做一件事，故中区可以帮助左区，左区不妨害右区，故北京全城的百姓都受他们的益处。这便是公用的武力的大功效。

第三，各国因为公认上文所说的两条道理，故要在这次和平会议时把世界各国联合起来，组织一个和平大同盟。这个和平大同盟的办法如下：

（1）世界各国，无论大小强弱，都可加入。

（2）同盟各国，大家公举出一个大法庭，各国有争论的问题，不许用武力解决，都要送去，请这个大法庭审判，判决之后，各国均须遵守。

（3）各国如有不听大法庭审判的，由同盟各国联合武力去惩罚他。

（4）一国有争端，不先去起诉，却先用武力，也由同盟各国联合武力去惩罚他。

(5)武力之外,还要用旁的法子。可以禁止不守法的国家,不许他通商,不用他国的货物。

(6)这个办法,把各国私有的武力变成了世界公有的武力,就是变成了世界公有的国际警察队了。这便是解决武力的办法。

(本文为1918年11月16日胡适在天安门演讲大会上的演讲,原载1918年12月15日《新青年》第5卷第6号)

好政府主义

刚才陈先生所说的介绍语（此处从略），我有许多不敢当。但人类是总有点野心，总有些希望。打破空间时间的观念，确立一种世界观念；把学说主张，贡献到全世界，并予未来时代的人以共见：也许是人类应有的希望！又陈先生对于我的名字之解说，似乎可以说是"投机家"。但是"投机"两个字，也可以作好的解释。从前人说："英雄造时势，时势造英雄。"英雄与时势，二者迭相助长，如环无端。使无投机者，则时势无从变更起。使无相当的时势，虽有英雄，亦且无从新造起。惟少数人的主张，根据于大多数人的需要；而大多数人得着这种主张，可以得着结果，而使时势发生变迁。所以到了时机成熟，应时势的需要，而发生有意志的有目的的有公共利益的主张，必易得大众的承认，而见诸实行。这种主张，也许是一种投机。我知陈先生所希望的，必是这种投机！

我以为应时势的需要，而有所主张，最要的是要有简单明了，而且人人皆可以承认的目标；这种目标，就是我今天所讲的"好政府主义"。这好政府三字，是否救时的大家公认的目标，待我仔细说来。

好政府主义，假定的是有政府主义。政府之为物，有的说他好，有的说他坏。有两种说法，各走极端的：其一，以政府是天生的，神意的。如中国古代所说的"天降下民，作之君，作之师"，及西方古代有些学说，都是神权的政府观。这种政府观底变相，西方近代，仍然有的，而变其名曰"自然"。如德国混国家与政府而一之，不承认个人之自由，把天然的需要，说得神秘莫测似的：这是一种极端的学说。其二，以政府为有害无利，退一步言之，也说为利少而害多。谓政府是用不着的，须得自由组合，自由协商，以自由动作，代替强制。从前政府的强制力，常被军阀官吏滥用之以鱼肉小民，不如爽性的把他去掉，这是无政府主义派所说的。中国的老子，主张此说，西洋希腊到现代也有许多人倡此说的。这两种学说，好似南北二极；于这两极端之中，还有许多主张。我以为今年今日的民国，不谈政治则已；苟谈政治，便不能适用前两种极端的主张。极端的无政府主义，吾无以谥之，只谥之曰奢侈品；为其未完全根据于大多数人底需要故也。但需求也可分两面说：（1）心理的需求，（2）实际的需求。根据这两点，就可确定目标。所假定的这种目标，要是合于大众的心理社会的实际底需要；那么要做什么便做什么；不患政治社会无改良革新的希望了。今日的中国，不但无目标，并且无希望，即由缺少一种公共的目标。这种目标是平常的简明的有公共利益的老生常谈，就是好政府主义。

好政府主义，既不把政府看作神权的，亦不把政府看作绝对的有害无利的，只把政府看作工具，故亦谓之工具的政府观。

什么是工具？这里似乎用不着详细的解释。譬如纸与笔是写字的工具；就黑板上写字，则不用毛笔铅笔钢笔而另用粉笔，粉笔亦是工具底一种；用这种工具，可以达到目的。然而造工具者，谁欤？

从前有人说："人是善笑的动物"，这话殊不尽然。又有人说："人是有理性的动物"，这话，证之世上为恶的人，亦颇足使我们怀疑。惟现代法国哲学家柏格森说："人是造工具的动物"，这话是顶对的。其他动物，类皆不能创造工具。就是蜂蚁之勤于工作，也不能制造工具。惟人具有制造工具的天才。所造的工具，能适合于人们之运用。造房屋，用以蔽风雨；造桥梁，造铁路，用以利交通；造弓矢刀剑，枪炮，用以驱猛兽而御外敌；这种种的制造，都不是其他动物所能做的。

但所说的工具，初不限于物质的工具；就是，所造的语言，文字，文学，也无一不是工具；什么家庭制度，社会制度，以及国家的法律，也无一不是工具。政治是人类造出的工具之一种；政府亦是人类造出的工具之一种！

政府既是一种工具，而工具又是应需要而生的，那么政府之由来，我们也可以推知了。

政府何由而来呢？乃由人民的组织渐渐扩大而来。社会中有家族有乡党，凡团体中之利害，与个人的利害，小团体与小团体的利害，或大团体与其他大团体的利害，均不免时有冲突。这冲突委实不是个人所能了的。譬如两人相斗，纠结不解，世世复仇，冤冤相报；若单由他两造自行去了结，一定是办不好的；势必须有第三者作个公共机关去裁判他两面的是非曲直，才能够调解冲突。所以欲消弭个人与个人，小团体与小团体，或小团体与个人交互间底冲突，非有超于小团体及个人的公共机关不可。——这是政府成立的要因。

前面说，政府是人造的一种工具，他的缘起，是为的大众的公共的需要。那么适应于公共的需要的，便是好政府了。

大抵一种工具，是应用的；以能够应用者为好。这种实用的学说，也有作工具主义的。这工具主义，就是好政府主义的基本观念。

政府是工具，必定要知道这种工具的用处与性质，才可以谈到应用。

政府是有组织的公共的权力。权力为力的一种，要做一事，必须有力；譬如电灯之明亮，是由于有力，鼓打得响，也是由于有力。可是这种有组织的公共的权力，与他种权力不同。假定无这种组织，无公共利益的权力，社会上必免不掉冲突。譬如从前北京的拉车的拉到车马辐辏的前门地方，常常有所谓"挡住道"的事情发生，必要等前等后，乃能走动。为什么这样的拥挤停滞呢？就因为没有公共的秩序，公共的组织，公共的规则。你看上海的浙江路与南京路之间，来往的人数车马，那样繁杂，但只有中国及印度之巡捕，手持不到五尺长的木棍，从容指挥，而两路来来往往的车，便不致拥挤；假使此棍无权力，亦何能指挥一切？惟其有了权力，只用一短小之棍，表示车底行止之使命；而可免掉时间的损失，和事情的耽误。政府之权力，足以消弭社会间所有的冲突，亦犹是也。

政治法律，把这种权力组织起来，造作公共的规矩——所谓礼法——以免去无谓的冲突，而可发生最大的效果，这是政府的特别性质。

但是在这些地方，不过想免去冲突，仍然是一种消极的作用；此外还有积极的作用。质言之，不独可免社会间的冲突，亦可促社会全体之进步。

因为人类有天然之惰性，往往狃故常，爱保守，毫无改革求进的志趣；如家庭之世守祖业者，就是这样。惟政府是指挥大众的公共机关，可使社会上的人减少惰力，而增加社会全体进步底速率；有些个人所不能为的事，一入政府手中，便有绝大的效果。

数年前曾主张白话，假如止是这样在野建议，不借政府的权力，去催促大众实行，那就必须一二十年之后，才能发生影响。即使政府中有一部分人，对于这件事，曾欲提倡，也仍然没有多大的效果。现在因为有一道部令，令小学校通同用白话文教授。这样一来，从前反对的人，近来也入国语传习所，变成赞成的了；从前表示赞成的，这时更高兴，更来实行起来了。试思以二三十字之一道好的命令（部命），而可以缩短二十年三十年的少数人鼓吹的工具之实施期间，政府权力之重要，为何如者！

再举禁鸦片烟一事为证，十余年以前的人，以鸦片为请客——甚至请贵客——之珍品；而今却不敢自己吃；从前认为阔绰的情事，而今认为犯法的行为：这亦不外政府权力所使然。自然，有些地方，鸦片还是横行；可是鸦片之所以横行，非有政府之过，乃无政府之过，无好政府之过。试思不好的政府，犹可使有那样的效果，假使有了好政府，鸦片岂有不全被禁绝的吗？

所以政府的组织及权力，如果用之得当，必能得着最大的效果；不但可免社会间交互的冲突，而且可促社会全体底进步。

综前所说：好政府主义有三个基本观念：——

（1）人类是造工具的动物，政府是工具的一种。

（2）这种工具的特性，是有组织，有公共目的的权力。

（3）这种工具的效能，可促进社会全体的进步。

以下再说由工具主义的政府观中所得到的益处：

第一，可得到评判的标准。从上面所说的工具主义的政府观中，得着个批评政府的标准。以工具主义的政府观，来批评政府，觉得凡好工具都是应用的，政府完全是谋公共利益及幸福底一种工具；故凡能应公共的需要，谋公共的利益，做到公共的目的，就是好政府，不能为所应为，或为所不应为的，就是坏政府。

第二，可得到民治的原理。政府之为物，不是死板板的工具，是人作的，要防避他的妖怪；《西游记》中的妖怪，加害于唐僧的，如老君的扇子，青牛哪，童子哪，都是工具，只因为主人稍为大意，工具变成了妖怪，就能害人。我们做主人的人民，如果放任政府，不去好好的看守他。这种工具亦必会作怪的。所以在这一点上可得到民治主义的原理。政府这工具，原为我们大多数人民而设，使不善造善用，则受害者亦即在这些老主人。因为人类有劣根性，不可有无限的权力。有之，即好人亦会变坏。"一朝权在手，便把令来行"，免不掉滥用权力以图私利了。所以宜用民治主义去矫正他。虽把权力交给少数人，而老主人不能不常常的监督他，不可不常常的管束他。这是民治主义之浅者，其深义待一涵先生讲之。

第三，可得到革命的原理。刚才说的工具是应用的。不能应用时，便可改换；茶杯漏了换一个，衣服敝了换一件；政府坏了，可改一个好政府——这是浅显的革命原理。所以在工具主义的政府观之下，革命是极平常而且极需要的，并不是稀奇事。

上列三项，就是好政府主义的引伸义。

复次，好政府主义的实行，至少须备有几个重要的条件。

（一）要觉悟政治的重要。大家须觉悟政治不好，什么事都不能办。例如教育事业，谁也相信是要紧的，而北京近年的学校，及武昌高师，因为政治不好，相继感受恶影响。且也政治不好，连实业也兴办不成；去年京汉京浦路上，打仗一礼拜，而中国煤矿业的商人竟损失了二百五十万之巨。今年武昌宜昌及其他惨遭兵祸的地方，乃至连小生意都做不成。所以好政府主义底实行，第一须有这种觉悟。

（二）要有公共的目标。有了觉悟，而灰心短气，不定下一个目标出来，也不成功。我们简单明了的，人人能懂的，人人承认的公共目标，就是好政府三字。如辛亥革命之目标是排满，其吃亏在此，其成功亦在此。凡研究尽可高深，预备不妨复杂，而目标则贵简要。故我以好政府三字为目标。有了公共的目标，然后便易于实行。

（三）要有好人的结合。有了觉悟，及有了目标，尤须有人组合起来，作公共的有组织的进行。厌世家每叹天下事不可为；我以为天下无不可为之事，只因为好人缩手说不可为，斯不可为矣。故好人须起而进行，从事于公共的有组织有目标的运动：这是谋好政府的实行所必备的第三个重要条件。

三个条件，是必须完全具备而不可缺一的。

诸君！我今天所讲的好政府主义，是平常的简单的浅显的老生常谈；然要知道必得此种老生常谈实现之后，中国乃能有救！

（本文为1921年10月22日胡适在中国大学的演讲，甘蛰仙笔记，原载1921年11月17日至18日《晨报副镌》）

对于沪汉事件的感想

沪汉事件已经发生好几天了,我都没有发表意见。我之所以没有发表意见者,一来是因为我们作学问的人,养成了一种坏习惯,就是事事不敢忽略事实。这件事情发生的头十天,我还不很知道事实的真相。无可疑的事实固然有几点,其他的有好些不敢相信,有些竟至于矛盾,所以不便随便妄下判断。二来因为我病了十天,有七天不能出门,不知道甚么,所以也无从说起。三来因为我病好一点出门来,各界的意见和议论已经很多了,所以也没有说甚么。现在事实已较明了了,我的身体也较好了,而在各种意见当中,主张较和平一点的人,似乎很是不能见容的样子。所以我想说几句话。不过我说的话,我想定然是不合时宜的。因我的主张,比较倾向于和平方面一点;在现下一般人热气正高的时候,说和平派的话,自然不大时髦,不容易得着大家的热烈的同情的。我的话也很平淡,没有什么出奇了不得的地方。听说有人在执政府提议要把梁任公先生驱出国境,我觉得这大不好。我们不是要求真正的自由吗?真正自由的精神在那里?出版有自由,言论也有自由。一个人只要他有种意见,在他自己总有发表出来的权利,在我们总不能禁止别人发言。意见的对不对又是一个问题,就算不对也尽有商量讨论的余地,何至于就说不爱国了呢?譬如昨天报载说我介绍学生与英公使见面,并说我与英国人勾结起来了。其实这件事是平常的。格里博士在英使馆作事二十年了,他很熟悉中国情形,中国朋友也很多。他托欧美同学会秘书章元善先生,章先生又再三向我说英使很想见见学生界的领袖,看看彼此的意见究竟如何。我想这也没什么坏意,一面又是受朋友的再三委托,所以我才把此意写信到北大学生会的。同是中国人,我们是一样的爱国的。

今天是为中国少年卫国团说话,既是少年来找着我们中年人说话,无论对不对总得贡献一点意思。我的意思大约可以分为三层:

(一)要调查事实

(二)要有负责任的态度

(三)要认清楚步骤

(一)事实问题 据报上所载说:"巡捕房之首领爱伏生

亲自供开枪之前只有十秒钟的警告"，警告是用的英语，而所发之枪四十四响。这是无可疑的。6月1号以后的事实，至今尚不十分明了。那一部分的参加运动，如何抢，如何打，亦不十分清楚。汉口九江之事亦然。既然事实上有许多困难，故不容易加入动机与判断。梁任公先生的意见与北京大学教授的意见所争的就是法律问题与政治问题。我以为主张调查事实，不一定就是主张的只是法律问题。因为法律问题也好，政治问题也好，都要交涉才行，而交涉则非有事实为依据不可，可靠之事实则非详细精密的调查不可。至于法律问题与政治问题可以同时进行的。总之我们于热烈之中当存理智，尊重事实。

（二）责任问题 何谓负责任？就是将主张的效果先想像出来，考虑一下，然后用这个效果来批评自己的主张。对于自己的主张负责任，就是有负责任的态度。

譬如主张宣战，就要把宣战的效果想出来是怎样，有如何的影响。不要只是口里说一阵宣战就完事。谁去打战？怎样战法？陆军怎样？海军怎样？军械怎样？军费怎样？既是主张宣战，总得要筹画一下才算负责任罢。

又如主张经济绝交，这四字的含义究竟怎样？我们于此热烈之时并没有去分析。所谓经济绝交就往来都不干的意思，是双方面的。以前抵制日货是单方面的，所以于我们没有害处。你们知道我们每年与英日交易出口亦在两万万两以上，如果彼此不来往，这项收入也就没有了。况且像银行在事实上绝对作不到，因为要得盐税等等非同他交涉不可。所以我们讲到经济绝交是没有细思之故。未尝以其主张的效果批评其主张的原故。

又如主张派兵到租界去。看起来调兵是很可能的。但是中国的兵到租界或租界的四围如像汉口所作的事，是不是与我想派兵去维持治安的意见一致呢？萧耀南的兵随便杀人，随便禁止。汉口还算统一一点。而上海有奉直的关系，孙传芳，张宗昌，郑谦，各有其用意。于此割据状况之下，调兵是如何呢？如果都像冯玉祥的兵队或者还可以。你们不看见中国的军队为烟土的事，就自己打战吗？

又如罢工罢市，在上海的人自睹惨况，身受其殃，他们罢市罢工，可以不谈了。其他的地方，如北京英使馆内或其他英人办的小工厂，运动罢工或者可能。但是这些地方罢了工，除了自己受极大的痛苦而外，而仇敌并受不到多大的害处。

(三) **步骤问题** 何谓步骤？就是我们作事要有一定的手续。关于这一次如此重大的事件，我以为应该分成两步去办。

第一步就是上海残死事件及连带的汉口等处事件之解决。

第二步就是八十年来一切不平等条约的根本解决。

一为暂时的问题，一为永久的问题；一为局部的问题，一为全体的问题。第一步比较容易一点，可以用很笨的武器——罢市罢工——去办。至于第二步可就不容易再用罢市罢工的手段了，用之效果小而易自蔽。何以说呢？因为这种群众运动，罢工罢市很不容易维持。比如上次五四运动全靠蒋先生他们在其间领袖一切，而目的又只在罢免国贼三人。今年的民气比较还是那年留下一点的好处。在第一步里面我们可以分做两层去办：

一层就是我们解决上海事件所提出的条件，至少要包〔括〕惩凶，赔偿，道歉，收回会审公廨，保障此次罢工人，制止越界筑路，取消印刷附律等项等律，保障言论集会出版的自由，工部局投票权等。因为这些都是上海亲受其苦痛的人提出来的，我们非尊重之，替他们争得不可。汉口等地的连带事件，也应照样的进行。如果这点都办不到，我们当然继续的罢工以及经济的抵制。

一层就是我们在解决上一层的时候，要附一个觉书，要求于最短时期内开一个根本修改一切不平等条约的会议，以铲除一切冲突的祸根。这事很多人以为不可能，在我看来却是很有可能的性质，而时机还算成熟了。为什么呢？那些条约或是利用他们的武力，或是利用我们的愚痴，其不公平而应该修正，理至明显。而且条约也总含有一点时代性，过了这么多年，还可适用而不修改吗？就以今日六国使团的通牒而论，说我们有排外的运动，他们发生最大的恐怖。我试问这恐怖那里来的，完全由于他基于不平等的条约，享有特殊的权利而来。所以我们提出修改也是极正当的。其他美国也有人主张修改条约。而俄国自然是赞成的了，所以我说这并不是不可能，因为在理论上事实上都有修改条约的必要。以上为第一步。

第二步就是根据第一步的要求，开修改条约的会议。我们应当用全力为此事奋斗。我们应当有国际公法学者的组织，研究不平等条约为修改条约的预备。我们应当设立对外宣传机关，以表示我们的决心与理由，而得各国人士之了解与同情。我们工商学各界应当有严密的组织，以为外交的后援。这样一来，不患不成的。

大家能够容忍我说这一番说〔话〕，我很感谢。

（本文为1925年6月胡适在中国少年卫国团的演讲，原载1925年6月26日《晨报副刊》）

中国问题的一个诊察

《益世报》记者把这个题目误刊为"中国问题的一个侦察",也很有深长的意味,或者还来得更适切一点。法庭上的侦察是用侦骑的敏捷手段,用种种细心巧妙的方法破获案件,讯问罪状。诊察是医生临床验验体温,检查血液,化验排泄物,看有无病根在里面的意思。中国国势糟到这步田地,我们也可以用同样的方法来化验来检察,鉴定一个病状,看看究竟患什么病,虽然怎样设法来救济,还可留待高明。

昨天报载日本斋藤首相发表谈话,极端侮辱中国,说中国根本不是一个现代国家,所以不配和日本谈直接交涉。前天汪精卫先生出国临别赠言中,也很感慨的说现在中国还是有军阀在割据称霸,或互相混战,不能称做统一的国家。仇人说我们不是现代国家,我们自己的政治领袖也说我国不是统一的国家。实在，我们七八十年来的努力，失败在一点上，即是没有达到建设一个现代国家的目的。虽然我们自己可以否认，说是一个国家，但9月18日最惨痛的国难纪念的前夕，山东的军人正在开始互相炮轰；今日的四川也在混战局面中。这种百孔千疮，东破西烂的局面，正足以证明我国新患的软弱瘫痪的病，好像一个头很大而屁股很细弱的患软骨病的小孩子一样，在国家的队伍中立不住，站不起来。

中国所患的病状，为明了起见，可分内外两层来讲：内邪外感。从前我发表一篇文章《我们走那条路》（记者按该文见去年北平《晨报》及《大公报》）里面即说明中国内病之重，内病有五种，我叫做五鬼症：

第一是贫穷。现在大家都说中国的贫穷是受外国资本帝国主义侵略的结果。然而中国在历史上实没有一个时期不贫穷的。贫穷到了为一角钱惹出人命，女太太因为一二个铜子而至打架吃鸦片上吊，因为五寸鞋面布而至于婆婆打死儿媳妇。这种消息是常见于报纸的。所以中国的穷不仅由于外感，基本原因尚在生产的不发达。中国人未尝富过，没有一篇旧小说是描写富的。

第二种病是弱。中国人向来衰弱，历史上的诗人所歌颂的名士是弱不禁风，美人是工愁善病，是以风气相沿，体质愈弱。士人拿贫弱来骄人，以为贫弱既不能超脱，乃以君子固穷来解嘲，正如寓言上的狐狸，虽然想吃葡萄，却因为得不到，便说葡萄是酸的，本来不高兴吃。

第三为愚昧。中国的病症，因为贫穷和体弱已很沉重，加上知识上的贫弱，便益不能堪。今日大家都说新教育破产，然而旧教育如何？在我们的父亲祖父时代，他们只用几个钱买书，一元钱便可将所用的书籍买全。如《三字经》、《百家姓》、《千字文》、《幼学琼林》、《大学》、《中庸》等等，高等的便是《诗经》、《礼记》、《书经》、《左传》等等。只要将这些书念了，便可以中举做官，最高等的教育如此；更少数的人便是做点学问考据，吟咏诗词章句，做名士做学者。这中间《易经》只是卦辞卜筮，《春秋》是断烂朝报，《礼记》只是礼制典章，只有《诗经》还有价值，然而也只有一些情诗，八千年以前的诗。念的书是这样的书，做的文是八股文，试问对于知识上会有什么影响？试想想在一个有五千年历史的古国里，竟没有一个像样的大学。这第三种病症，实是中国的致命伤。

第四是贪污。一般都说中国为礼义之邦，然而现在这种贪污的现象，却非任何帝国主义所造成，为国粹，为国货，乃由贫穷而来的。由老妈子买零物揩油一二个铜板以至高级官吏买军火，几百几千几万圆的贪蚀，是同属一个系统的。

第五是纷乱。中国内乱自古已然。历史上如李自成如张献忠，如黄巢，如张角是最著名的。从前二百年或三百年一朝一代总有一次内乱。友人李四光先生曾加以详细的研究，觉得自周朝以来差不多每三十年或五十年，不是小乱就是大乱。在全国历史上没有长久不乱的时期，也没有一二省从未经过纷乱的时期的。这也是土货，国产；以后洪杨之乱，或不无与西洋接触的影响，然黄巢张献忠李自成却不能诿之外国影响，皆是自内而生的。

因以上五种病症的结果，今日之外患，集外国之文化经济力量以俱来，固不能抵抗，即历史上外患，除匈奴外其遗族如契丹及羌氏女真蒙古等皆莫之能抗，只要外国民族稍强盛一些，我们即不能抵抗。其原因即由于内邪所致。以工愁善病之质，弱不禁风之躯，如何去与他们对抗呢？

在历史上我们的武力虽然不如人，然我们的文化却有过之无不及，因此我们被外族征服了之后，外族却常被我们同化过来。也被我们这五种内邪所迷惑，这五种病症所传染。结果匈奴契丹回纥蒙古满洲皆被我们所同化，皆传染上此五种病症，都是这几种外感文化低于我们的缘故。到了印度，则不出一兵，只派几个传教士来，用文化来征服我们。自唐代以后，中国与印度的往来很盛，我们也常派人去学经，去留学。他们的文化，是指示我们去作神仙去作菩萨，不是叫我们去作人，却是去作鬼。然而我们的文化却渐渐屈伏了。

所幸历史上并无文武全才的文化来侵略我们，他们有武力，我们以传染病尚能勉强抵制几千年。而印度只有鸦片烟，没有武力，我们也仍能存在。这样的征服一次，犹如打一次吗啡针，使我们增加抵抗力，而更放出灿烂的文化来。几千年来，我们都是这样支持着。

但是现在的时期已不同了，我们到了另一个时期，文化后面有武力，武力后面则是整个的文明，内邪既凶，外感益亟；从前仗着自己所谬认的"精神文明"，一次抵抗，二次抵抗，对付外来的文化和武力，而现在则武力文化经济科学万管齐下，所以不能再得幸免。所以九一八以后历有一年，还是毫无办法，竟至于请出班禅喇嘛来念经，叫民国以来的一切罪人，都来作念经救国运动。传染病终于抵敌不过内邪外感的夹攻了。

中国的五鬼，没有一种是可以持以立国的。在这新的世界，立国不但要靠武力，尤其要靠文化；外国人的科学没有不在我们之上的。最新的美国，立国虽仅一百多年，我的母校哥伦比亚大学却有三百多年的历史，其余如耶鲁哈佛历史亦久。俄国更是新式的国家，莫斯科大学也有一百八十余年的历史。至于欧洲，更不必说，义大利有一千多年的大学，英国的剑桥也有八百多年，最新的柏林大学是创设于1810年，也有一百多年的历史。就是日本，东京的帝大，已七十多年，何以一个五千多年的老大国家，竟没有一所像样的大学，没有一处文化人材建设集中的地方？除了科举求功名以外，便没有人想到文化，在文化上努力的所谓国学，只是一个抽象的名辞，根本不知道是什么东西，国子监学生是可以拿钱捐的，只是一种官职。一个五千年历史的国家没有一所大学，愚昧到自己不能自救，不知自求医药。直至现在我们看小说要到日本去，在本国住着感觉不惯；所有的统治领袖，只要自己能登台统治，大家也就容忍着，任其妄为统治，其故犹是愚昧。

此种现象，在过去犹可勉强维持，我们可以去几千里路，没有见到一个兵，一个警察，因为我们的祖宗，积几千年的经验，自有办法来维系国家的统一和和平。比如无钱举办选文官制度，便用科举方法，以功名为饵。国家但订法制，即可向全国拔取人才，欲求功名者，亦自来应考。如想做官，只化一元钱便可将所用教科书买齐，再化二元钱，请一位老师，便可以读书赶考。起始考八股，再高一点，考策论。这样国家不费一文，也可以达到拔取人才的目的。方法虽然错误，但是制度是很公正的，虽然其中也免不了有弊端，原则上也很公平。一省选考举人，全国选考进士，然后抽签分发各处做官，甘肃人也许分发到江苏，江北人也许分发到江南，这样的互相调剂，不分畛域，也没有什么异议，即在不知不觉中间培养出一种有国家之存在的观念。当时的知识阶级，即是这样的被维系着，虽然交通行旅不便，也不顾一切的去应考，一而再，再而三，那再三没有考取的，也并不怨国家，只是自己嗟叹"命也夫！"

所以以前的治理者，国家略夺建造的人，尚能够以制度来促进国民对于国家民族的感觉（National Consciousness），和民族主义。此外更有旁的办法如御史制度，道员制度，也可有相当的成就。因此令人感到一个国家或民族的存在，必定有他的原因的。譬如用考试方法来甄拔人才，在原则上很不错，而且是最好的办法，虽然用八股是不对，那只是枝节的问题。当时因为激于内邪外感之夹攻，因怀疑八股科举，便将这考试的精神也一并除去，使二三十年来，没有文官考试制度，用人只是亲戚故旧，于是以前一点较好的办法，现在完全没有了，一点统一国家的影子都没有了。这样的国家自然是站不稳的。

现在我们对西方的文化自然是接受的，但是我们所已接受的是什么呢？只是今日汽车，明日电灯，今天烫发，明天唇脂。这样的接受，因为内邪外感的作用，在现在的世界上还是站立不稳的，我们即使坐在汽车里面，也不会舒服，不会觉得这世界是我们的。

中国的病，不是可以枝节救济的，譬如身体衰弱，我们开一次运动会来救济，身体是好了一点，可是金丹白面也随着进来，旧病未除，新病又来。现在不能仔细的分析五种病，和提出救济的意见，但就愚昧一项而言，如办教育，新式教育成绩不好，或者不是因为教育原则的错误，而是办理的不得其法。然而旧教育的成绩又在那里？旧教育的几种性质不妨利用，但是决不能返诸旧教育。我们应该平心的想一想，教育为什么办不好，为什么不如人？个人以为关于教育的问题，有很可以注意的几点。

（一）**宗教** 在中国最早的宗教是道教，乃是综合许多不同的下流迷信，归纳而成的，毫无存在的价值。其次是佛教，虽由外洋流入，其大乘小乘，讲神仙佛道，与道教同是虚幻的迷信，而没有文化人格的感化力量。宗教是无知识者的教育，是一般人所常常按解的，然而中国的宗教教育，仅有道德的制裁力。

（二）**文化基础** 中国文化本很枯仄，几经淘汰，占有势力的便是儒家，儒教哲学除去荀子一派，便只有六经，是最枯燥无聊的东西，不能作为文化的基础。而西洋与孟子同时的为欧几立德，亚基默得斯，新造了几何学，发明了不少物理上的定律。有人把孔子比亚里斯多德，然而亚氏搜集了多少动植物的标本，更奠定了逻辑科学的基础。他们又以柏拉图比孟子，然而柏拉图曾说过："不懂算学者不得入吾门。"而中国文化范围是这样的狭小,对于庄墨之学又肆意排斥,结果只余六经,这样单调的孔孟之学如何能作为文化的基础呢?

(三)**传记文学** 中国向无传记文学,因此未尝有伟大人格遗传下为后人的楷模。《史记》《汉书》的传记绝不能去和柏拉图,绥纳芬以及刘德立许的苏格拉底传相比。虽然不少伟大的人格,文学家却没有去当作优美文学的题材,去作写生的对象。这很重要的传记文学,中国竟无丝毫基础。

(四)**母教** 妇女占民族的一半,然而即连做人的资格也给剥夺了,一向对待女人,视同牛马,且更缠足以困之。这样的女子,那里能够给子女以良好的母教。西洋的妇女在以前也是颇受歧视和虐待的,然而所受的教育是好多了。

(五)**通俗文学** 中国一向对于通俗文学太不注意,殊不知它是影响民众心理最甚的东西。社会上领袖士大夫不注意,于是委之于妓女歌姬,成为诲盗诲淫的工具。把一种良好的领袖教育忽视了。

到了现在,大家知道教育破产,教育不够用,便应当从这些基本原因上去求根本的改革,从宗教文学各项去设法补救。

本题过泛,不能详言,然而我们至少应该根据这种论断,力自反省。不要责人,只须责己,应该自己拿镜子照照,详细检验一下,分析各种病症,努力不会白费,模仿不是耻辱。中国的病症,也许要在这种态度上求治。

(本文为1932年10月25日胡适在天津大学的演讲,陈振汉记录,原载1932年11月10日《南开大学周刊》第134期)

日本在中国之侵略战

假若有人要我用一句话，概括的说明中国的种种现状，我可以毫不迟疑的答复：中国正流着血死里求生的在抗战。

我们苦战已经十六个多月了。我们所抵抗的侵略者，是世界三大海军国的一个，也是全世界四五个大陆军国之一，我们遭受了一百万的死伤，我们有若干广大的区域被侵略者的军队占领了，沿海沿江的重要城市：北平、天津、青岛、济南、上海、杭州、南京、芜湖、九江、厦门、广州和武汉，都相继沦陷了。实际上凡外人所认为工商的教育文化的交通运输的中心要地，不是被侵略者占领，就是被他们摧残无余，一百一十一所大学，被敌人破毁霸占或损坏的，在三分之二以上。在内地勉强授课的极少数学府，既没有设备，且而时时受到空袭的危险。除作战军队的惨重死伤外，因受战事的影响，以致家破人亡，无衣无食，转辗流徒，贫病交加的平民，现在有六千万之多。各地不设防城市的无辜民众，被日本"皇军"的轰炸机所残杀的每天也都是成千累百。

但最严重的，是从10月中广州沦陷以后，所有的海口通通落到敌人的手里了。换句话说，国外军火的接济全被敌遮断。此后国外军火供给的来源，全靠腹地的三条后方路线维持：就是西北通苏联的陆路，以及通法属安南和英属缅甸的路线。但是这三条路线，都是困难重重，而且不是常常可靠。据说在法属安南方面，因为受了敌人的一再的威胁，曾经不许我们用滇越铁路运输军火。通苏联的陆路汽车线虽是畅道，但由苏联边境到重庆，有三千英里，比较三藩市到纽约还长。路这样远，油站这样少，重兵器的输送，几乎不可能。通缅甸的公路，还没有达到可以使用的时期。由此看来，我们通海口与接济的路线，全被阻断，就是在利用出口贸易以换取外汇方面也发生了绝大的困难。

这是中国的现状。方才我说中国正流着血死里求生的在抗战是不是言过其实呢？

从汉口广州陷落以后，社会上和政府中一部分人不免有短时期的怀疑，犹豫甚至失望；这是很自然的。我曾屡次向美国人士说明，拿人身的血肉和金属制成的优越机械相战，其人力自有一个限度。到了力量罄竭的时候，常不免有弛颓下来的危机。所以我国人民在此时期的怀疑和犹豫，实在是很自然的现象，也无怪在这个时期内，美国各报纸纷传和平谈判的信息；说是中国有放弃抗战的考虑。事实上我们的敌人，同时也曾明白表示渴望和平。

但是这个犹疑的时期，也就是伟大决策的时期，很快的，我们的当局，就得到了结论：认为在目前情况下，中国绝不能企望和平。理由很简单，就是还没有丝毫的迹象，可以产生使中国人民相当接受的和平。他们慎重的考虑过各种困难和民族潜伏力之后，肯定的决定继续抗战的国策，与侵略者周旋到底。

当蒋委员长详细告诉全中国全世界这个新决心的时候，特别注重下列几点：

> 中国决定继续其持久全面抗战的方针。因为抗战已经真正变成"全面的"了，敌人已经被我们诱入内地了，在地理上和时间上，我们都站在有利的地位。十六个月的抗战，已经达到我们延迟敌人西进的目的。因此我们能够发展广大后方的交通和运输。若干的工业，也能安然的迁到内地。
>
> 必须经过绝大的艰难和牺牲，我们才能希望获得最后的胜利。

> 我们必须认清这次的抗战,是个革命的战争,正像美国的独立战争,法俄的革命战争,土耳其的解放战争一样。在这种革命战争的过程中,民族精神必定获得最后的胜利。

这是中国新决心的郑重宣言。

对于我国人民,冒了无上险阻艰难,决定继续抗战,世界的舆论如何感想?会不会认为这种决定,是绝对的愚昧,仅凭幻想的逻辑做根据呢?

无论世界对我们作什么感想,我可以肯定的向诸位保证,一个已经牺牲一百万人民的国家,为了保持他们的生存独立,决定准备更大的牺牲而抵抗侵略,那就不能妄责他,说他的希望与企愿,是仅凭幻想做根据。我们根据十六个月所得的非常艰苦而富有启发作用的作战经验,才慎重的决定了这个国策。从这艰苦的时期中,我们领悟了,我国的将士,能英勇的抗战,能壮烈的牺牲;我们的人民,忍受了一切的损害和摧残,对政府从没有半句怨言,全国——敌军占领区也在内——民族统一团结的意识,已经毫无疑义的形成了。同时我们知道敌人对于长期战争的负担,确已感觉到不能胜任;敌人的财政逐渐趋于崩溃;对于一个被他认为不堪一击的国家,敌人正在殚精竭虑的集中一切兵力来苦战。更使敌人彷徨不安的，是军实的消耗。这项军实，是他们历年积储起来预备应付更强大敌人的。所以我们只要延长抗战到一个时期，并非不能使敌人疲于奔命，以至于失败的。

从我个人用非历史专家的眼光来看，把我们这次的抗战，认为是一种革命战争，必须用美法俄土革命战争的历史去衬托他才能得到最确切的了解——这句话含有很大的真理。美国的听众对于这个历史的比喻当然最能了解；不久以前，有一位美国朋友写信给我说："目前中国困在福奇山谷中，但我希望不久当可达到约克城。"写这几句话的时候，我还没有读过前面所讲的宣言呢。我现在把这个比喻，再详细说明。

美国第一流科学的历史家约翰费斯克说："华盛顿军队在福奇山谷中所受的痛苦，曾引起历史家无限的同情和赞颂。当1777年12月17日的那天，那些可怜的军队向冬季营房前进的时候，因为士兵们都赤着足，一路上，鲜红的血迹，印在洁白的积雪上面，走过的路线非常清楚。23日，华盛顿向议会报告，他营里有二千八百九十八人，都是不堪作战，因为他们是赤足和没有服装的兵士。又因饥寒交迫，病者日多。挤满了伤病兵的医院里，有些竟因没有稻草铺在冰冻的地上睡眠，硬被冻死的。在这样艰苦状况之下，有时敌人进攻，简直调不出二千士兵来迎战。"（费斯克著《美国革命》第二册第28

至29页）这是1777年冬天福奇山谷的情况。

不久，乔治第三及诺斯爵士领导下的英国政府，提出和议，愿意无条件的废止引起美洲殖民地反抗的一切法律，同时又宣言，英国国会将永久放弃在美洲征税的权利。并且派了若干代表，备具议和的全权，到美洲来和议会谈判。

这确是一个荣誉和平的提议啊。彼时美国的开国者若使接受了这个提议，那么以后四年间的血战和牺牲，尽可避免的。但是这样一来，就没有美洲独立的成功和北美合众国的出现了。

那时美国的开国诸公，毅然拒绝1778年的和平条件，继续的再奋斗了四年，终于1781年10月在约克城得到最后的胜利。

我们一定要记得，以后那四年血战的危险和艰难，就几乎没有一时一刻不是和福奇山谷中的情形一样的。军事的挫折，领土的丧失，内部的困难，甚至通敌卖国的事是层出不穷的。那时全美政府还没有组成，联邦宪章，虽经过了三年的讨论，还没有采用。全美议会的名望日减，权力日弱，议会既没有向各邦征税的权力，只有不断加印纸币的一法，以维持抗战。此种纸币的价值因而愈跌愈低。华盛顿说："买一车子的粮食，需要一车的纸币。""1780年的初期，一元纸币的价值，跌到二分。同年年底，十元纸币，仅值一分。不久纸币就停止流通了，债款也无法催收。信用荡然无存，费城一家理发店，把账单裱糊四壁"。"在这样情况之下，军队必需的衣食，几乎无法维持。士兵四个月的饷还不够他家族买一斗麦，有时这点饷还领不到。终日光了赤脚，吃也吃不饱。"（费斯克著《美国革命》第196至200页）

这是1780年的情形，但是华盛顿和他的同事们，并没有放弃抵抗。一年以后，在约克城终于获得了最后胜利，结束了美国革命的军事阶段。

我详细描述美国革命在1776年至1781年内的种种困苦，不仅是要说明华盛顿统率的美军，其处境并不比今日抗战的中国军队好多少，并且要证明蒋委员长所以把抗日战争称为革命战争，而这种革命战争中民族精神必定获得最后胜利的意义。凡是革命战争，都是武器不全而为理想所激发的民众，和操有装备优越的正规军的压迫者或侵略者作战。结果最后的胜利总是归于笃信主义勇敢牺牲而能征服一切困难的一方面。若果说这是一个幻想，那末也是一种使人非常兴奋使人非常感动的幻想，所以我国成千累万的人民决定拿血和生命来考验一下啊！

在结束我的讲演以前，我还有一个观察，也是根据历史的比喻的。我要问一句话，就是美国的开国者怎样能够逃出福奇山谷走上约克城胜利的路！历史家都同意，不外有两种因素。第一革命军能不顾极大的艰苦，奋斗到底。但是还有一个同样重要的因素，就是那时国际情形是帮助了美国革命的。乔治第三的英国为欧洲各大国所厌恶，他们自然同情于美洲的殖民地。全美议会曾派外交团赴欧，主要目的在联络路易十六的法国朝廷。团员之中，有那位日后出任第一任驻法公使的佛兰克林，他和法国订了商约和军事同盟，非但借到了四千五百万镑的巨款，而且得到法国的重要军事协助——得到那人数众多器械精良的法国远征队，就是主张美洲孤立主义最力的贝密史教授，也不得不承认"法国在美洲的陆军和舰队，与华盛顿军队的协同作战，获得约克城最后的胜利。法国同盟实在是美国独立成功的主要原素。每一个美国人民应该永矢弗忘的"。（贝密史著《美国外交史》第31页）

但是法国的直接援助，并非美国革命成功的唯一原因。那时整个的国际形势，都是直接或间接对于美国有利的。远在1778年的时候，英法两国早已进入不宣而战的状态中。西班牙在1779年向英国宣战。1780年，俄国加塞林女皇宣布了海上自由和中立国权利的原则，立刻就被英国的敌国们接受了。1780年荷兰也向英国宣战。所以当英军在约克城投降的前一年，英国几乎和全欧各国处于敌对地位，他全世界的殖民地，也饱受法国和西班牙两国的威胁。在这样不利的国际环境之下，英政府当然无法增援她在美作战的部队，而予实力比较微弱的华盛顿军队以致命的打击。

这种历史比喻的教训,是非常明显的。中国抵抗侵略战的最后成功,也得靠二种事,第一,中国必须继续抗战。事实上中国除抗战外,也没有别的选择。第二,在中国持久战争中,也许有一天国际情形转变到对中国有利而对日本不利。中国并不希冀同情或友好的友邦,实地拿起枪来,帮同我们对日作战。但是中国确实希望,而并有这权利希望,各民主的及爱好和平国家的男女人士,受了公正观念和人道正义的驱使,阻止武器和重要军需原料这样不人道的继续输入一个国家。要知道这个国家,已经被五十多国一致谴责,为违犯神圣条约,破坏世界和平的国家。我毫不迟疑地再加一句,这一个国家也就是今日国际团体中第一个公敌。

(本文为1938年12月4日胡适在纽约的演讲,中译稿载1939年2月10日、11日重庆《大公报》)

中国抗战的展望

依照这个有点含糊的题目,我建议先谈点中日战争最初两年的事并简略解释一般情势,然后再依照国际情势来考虑远东冲突的未来。

去年我曾在7月4日那一个星期来到密歇根大学,7月7日我应中国同学会之邀在战争周年纪念会上发表演讲。那时节我说中日战争的第一年可用三句话加以总结起来:

(一)中国抗战的力量远超过吾人所预料的。

(二)日本的弱点远超过世界各国所想像的。

(三)国际对中国的援助远超过我们多数人所敢期望的。

过了13个月,我重临贵校,日本进行其侵略战争已达26个月之久,而今和平尚未在望,这时我仍然可以用以上的三句话来描写现阶段的中日战争。

首先，战争经过两年后，中国的士气和一样坚决高昂的抗战决心是前所未有的。1938年10月我们失去了汉口和广州。因此中国第一次给切断了一切海上重要的通道。我们的敌人以为中国已经被击败了，公开和私底下均曾建议和谈，要中国在骄横敌人的枪炮下接受命令式的和平。中国以一年坚强的继续抗战作为答复。今年四五月间从长城到珠江，中国军队在各战线发动一连串的反攻。根据中立国观察家保守的估计，日军每天的损失八百至一千人，大会战的损失还不计算在内。等于说平均每年损失三十至三十六万人之谱！

中国人渐渐适应于新情势。我们不但成功地建造后门的交通与通讯的临时路线，而且也建造了新的和永久的铁路线。更有进者，我们正尽力开发华西和西南部，开采煤、金、钨、锑、锡的数量比从前更多，我们在大后方也建立了新工业。这个大后方将成为我们长期抗战的根据地。

我又可以预料即将来临的第三年中国抗战的力量将增加不少。

我的第二句话是日本在两年侵略战争中暴露了一切的弱点。

我不谈论外国军事专家低估日本军事力量的评价，也不想强调日军在南京大屠杀和各地毒害沦陷区民众中所表现道德沦丧的事。也不强调日本表现在缺乏自由主义、激进主义，八年政治动荡不安与两年战争间未能产生全国领导力量的政治与学识的弱点。

我仅想以统计数字指出日本基本的经济弱点。据估计日本在这两年来所花费的战费等于甲午战争（1894—95）、日俄战争（1904—05）、和满洲侵略（1931到现在）战费总计的四倍，这三次战争日本共耗费卅一亿九千三百万日圆，但是中日新战争（1937—39）为一百四十亿日圆。

再看看日本包括战费在内的预算比以前激进增加：

1931年　十四亿七千六百万日圆（百分之百）

1937年　五十四亿三千六百万日圆（百分之三百七十）

1938年　八十三亿九千三百万日圆（百分之五百七十）

1939—40年　一〇二亿九千四百万日圆（百分之七百）

从这些预算来看日本在现在战争中所耗费的战费：

1937年　廿五亿六千四百万日圆

1938年　五十五亿二千六百万日圆

1939—40年　六十六亿日圆（估计）——三年总计一百四十六亿九千万日圆。

为应付浩大战费，日政府求助于通货膨胀的政策。且纸币发行额如下：

1937年　卅三亿日圆

1938年　五十四亿日圆

1939—40年　七十五亿日圆（估计）

这是远超过日本债券市场所能吸收的限度，到1938年末，已经有三十一亿六千万日圆的新公债还留在各银行里无法售出。

更有进者，日本为购买战争物资使进口远超出口的数额，入超的款额须以黄金偿付，结果日本黄金储存量大为减少。

1937年售予美国的日本黄金为二亿四千六百四十万六千美元，1938年为一亿六千八百七十三万九千六百四十三美元。甚至日本作家都承认日本黄金准备金已减到一亿六千万美元而已。可是中立国观察家相信日本的黄金储存量实际上已经完全耗尽。其每年开采的黄金数量是不必重视的。（据参张伯伦 William H. Chamberlin 估计为每月一千五百万至二千万日圆，其他人估计为每月仅二百万美元。）

日本因为缺少石油、铁、铜、铅、镍、和橡胶，所以必须大量进口。因此入超与黄金储量之枯竭造成一个严重的情况，而战争的结束仍尚未在望。

这是日本一大悲剧。一个伟大的国家轻易地抛弃了六十年来光辉灿烂的成就来从事一个大规模的自杀愚行。全世界看到了日本的大弱点，那就是无法控制其军事机构，甚至冒着毁灭自己的危险。

我的第三句话是在过去两年间中国获得了超过我们一些人所期望的援助。

当然，中国有些乐观主义者曾对外援寄予奢望。他们对于两年来中国需独立作战而其友邦却未能挺身出来支持我方而感到失望。但是我们这些了解国际情势的人，了解爱好和平国家厌恶战争的心理，从不怀着中国从其友邦获得军事或财政或物资援助的大奢望。

可是由于中国抗战立场纯正而日本侵略意图之可憎，使各个友邦心甘情愿地尽量给予我们一切的援助。中国如果没有英、法、俄、美等国的援助确实是不能在战争中有那么好的表现。

最靠近我们，最不怕日本军事力量，在中国境内最没有既得利益受到威胁的是苏俄，当然苏俄对中国的援助是最不必忌惮什么的。其援助最大的地方有二：一，沿着满蒙边界集结大军牵制了日本驻北满和内蒙古三十多万训练精良武器锐利的军队；二，以贷款方式运来卖给中国大量武器弹药，并包括大量的作战飞机、大炮、和石油。苏俄也是以大量财政与军事援助给予中国的第一个国家。

英法在中国大量的权益，时刻都面临着日本的威胁，从1935年以来英法两国在欧洲有事，无法兼顾远东。可是虽然有了这些大困难，英法在这两年来仍然是很慷慨的援助中国。十五个月来英国殖民地香港是中国武器弹药的大输运站，尤其是广州沦陷后香港地位更是重要。法属安南通广西的桂越铁路和英国帮助筑成的滇缅路等都是中国对外的交通要道。英国对中国货币之安定也曾给予很大的帮助。

美国当然是我们国家的人民所最期望向之获取精神与多数物资援助的国家。我们在这一方面并不失望。如众所周知的，你们的财政部根据银元购物法案的规定购买了我们全国大量的银元，这件事对我们有很大的帮助。还有美国进出口银行于去年12月给予中国贸易公司一笔美金两千五百万元的贷款。这笔贷款间接的使中国建立信用而因之获得其他国家美金五千万元的贷款。美国这笔两千五百万元的贷款援助意义是十分重大的，尤其是贷款时正当我们失去广州，士气低落之时，进出口银行贷款的数目虽然不大，但是那笔贷款大大的鼓起了中国的民心士气，因为他们知道他们在困苦艰难之时，朋友们并没有抛弃他们。

1939年7月26日美国政府给予中国以同样鼓励的作用，那一天美国通知日本废除1911年签定的商业与航运的条约。那时候正当英国在东京向日本让步之时，中国正在疑惑究竟会从那个让步受到多少损害与困难，而美国政府的行动使我们获得精神的鼓励，和士气的提高。

所以我说中国获得比所敢期望的更多的外援，我也说如果没有这些外援，中国确实无法能够有那么大的战绩。这些话并非过甚其辞。

上面所述的为中日战争过去二十五个月的简略报告。

那么将来的情况呢？

考虑到中国战争的前途时，我们绝不可存有日本军方突然醒悟或者人民发起社会革命的可能性。战争的前瞻只有两个方向：

（一）假如国际情况没有重大改变，这个战争会长期地延续下去直到日本被经济的困难所逼而接受一种"朴斯茅斯的和平"，那就是没有胜利的和平。

（二）但是假如国际情势发生激烈的变化，假如日本变成为轴心国之一员，又假如太平洋大战发生，则中日战争成为世界问题的一部分，无法单独结束。

第一个可能性是不难想像的。假如没有激烈的变化，假如欧洲和太平洋没有发生大战，假如没有第三国卷入此战争中，中国唯一的路就是继续打下去，再打两年、三年五年，一直到日本为经济的压力所拖垮。1918年11月欧战休战时，德军还占有比利时和法国的大部分土地，但是德国是被打败了。

假如爱好和平而目前正供应日本铁、石油、铜、镍、棉花与其他物资的国家能够有效的实施对日禁运的话，日本会更迅速崩溃下来的。日本处在今日经济的困难中，只要用外力加强对日的压力，将是非常有效的。

但是日本并不希望一个长期战争，他们所希望的是迅速征服中国。他们希望促成国际情况的突变，使国际情况不再有利于中国的抗战，而迅速结束战争。

日本知道无法能阻止苏俄援助中国，而日本至少目前尚未公开注意到美国对中国的财政援助。

日本把战争长期延续下去的责任归咎于英国，一年多以来日本军方发动强烈的反英运动，在1939年6月14日，日军开始封锁天津的英法租界，这时日军对英国侮辱的话使英首相张伯伦大为冒火。虽然英日终于达成天津租界的协议，可是在日本本国和在日本占领下的中国沦陷区的反英运动仍有增无减。日本想用武力威胁逼英国屈服，因为他们知道英国在欧洲有事,故对亚洲将无法兼顾,而且英国在中国的很多生命和财产需加保护。所以英国人不敢冒触怒日本之险。

所有读到8月4日张伯伦演说的人都会同情英国今日处境的困难。张伯伦在演说时详述日本军方所善加利用的英国背景。

结果国际情势不但不利日本,而且敌视日本,美国已通知日本政府关于六个月后废除《美日商约》。英国下议院也在讨论废除《英日商约》。甚至爱好和平的张伯伦都公开警告日本说"在某种情况之下"英国"会认为有派舰队前往的必要"。

日本军封锁天津租界不久,美国销路很广的几个报纸突然改变其平常孤立主义的论调,而公开主张英美海军联合封锁日本的意见,这是很具有意义的事。

日本逼英国屈膝的事会成功吗？日本会冒着西太平洋大战的危险不断施行其敲诈的行为吗？日本会和欧洲侵略者合作共同发起一个第二次世界大战吗？

我们无法回答这些问题。我们只能说中日战争已经不再是一个孤立的事件。我们现在可以更清楚的看到1931年9月18日沈阳事件乃是世界大战后世界新秩序寿终正寝的开端。也清楚的看到后来德、义、日对衣索比亚、西班牙、中国、奥地利、捷克和阿尔巴尼亚的侵略行为乃是国际混乱状态一般现象的自然发展。我们现在清楚的看到花费了两千亿美元八百五十万条生命所造成的战后新秩序是经不起满洲、衣索比亚和西班牙等事例严酷的试验的，而现在这个新秩序业已寿终正寝。因此各国需要本身的军事力量来保护自己，而第二次世界大战渐渐来临。

罗斯福总统两年前在芝加哥发表有名的演说，那篇演说辞在今日或许比当时更易了解。今日听来，似乎是篇预言：

世界不法行为的流行症正在蔓延中。

一个身体上的流行症蔓延时，社会赞成和参加防疫和隔离病人运动以保护社会人士的健康，并防止疫病的蔓延。

假如我们要有一个大家可以自由呼吸和毫无恐惧和亲睦相处的世界，爱好和平的国家必须同心协力支持和平可得安全保障的法律和原则。爱好和平的国家必须同心协力反对那些毁坏条约的人，反对那些不顾人道，正在制造国际混乱和不安定的人，仅靠孤立和中立是无法阻止他们的。

要维护和平，必须要有积极的作为。

今日世界的问题还是罗斯福总统两年前所清楚看到的问题。这个问题从开始就不仅仅是中日的问题，那一直都是"积极维护和平的作为"和"防疫隔离"国际混乱状态的问题。

所以今日要提出的题目是政治手腕是否可阻止即将来临的世界大战并以有效的方法但不诉之武力来重建正在摇摇欲坠的世界秩序吗？或者是否人类必须再经过一次血和炮火的洗礼后才能带来某种国际新秩序吗？

（本文为1939年8月10日胡适在美国密歇根州安纳伯远东事务研究院的英文演讲，郭博信中译文收入胡颂平编撰：《胡适之先生年谱长编初稿》第5册）

我们还要作战下去

10月与11月可资纪念的节日很多,例如中国国庆日、欧战休战日、罗斯福总统芝加哥演讲周年、《九国公约》签字国在比京集会两周年纪念等,在纪念这些节日时,我们免不了想到此等节日所纪念的事迹,尤其是目前远东冲突的问题。吾人必须解决其根本的问题才能满意地解决此项远东冲突的问题。

两年前我曾在这个城市演讲时指出远东问题背后的两个冲突:(一)日本帝国主义与中国国家主义合理的希望之冲突;(二)日本军国主义与一个世界新秩序的道德限制之冲突。今日我仍旧相信这两个冲突的正确性,可是我现在认为这两个冲突是密切相关连的。

要认识这些问题的密切关系,我们必须远溯数十年前的历史。今天七大强国之三:德、义、日,在1870年左右获得内部的团结，并开始参加殖民帝国之列，他们三国在参加时已经太迟，所以自称为"没有"的国家，而意图在李普曼所谓"外交赌注"的地区遂行其扩展活动。该等地区广袤庞大，资源丰富，但政府懦弱，无法抗拒外来的侵略。这些"外交赌注"的地区包括非洲、阿拉伯、波斯、巴尔干半岛、土耳其和中国。上个世纪的最后几十年间"弱肉强食"的原则十分猖獗。

国际战火是这些帝国主义的争夺所引起的。事实上1900年在中国就爆发了一次八国联军（其中包括美日两国）的国际战争。八国联军攻陷塘沽占领北京，同时沙皇的俄军涌入满洲。各国瓜分中国呼声震天价响，那时为分赃不均而可能发生世界大战之危险很大。

在刚要转入二十世纪时之远东国际战争的危险终于为美国国务卿约翰海伊的门户开放政策的声明所扭转过来。在拳匪之乱时，由于美国坚主中国门户开放，英国支持该项主张，使具有更大侵略性的俄、德、日有所顾忌，稍敛凶焰。结果联军签订和约，把军队撤出中国。中国于是获救，免于沦丧之祸。

于是远东秩序奠基于门户开放政策。一切有关中国的条约均加入此一政策的考虑。

1922年《九国公约》所列的门户开放政策的原则十分明

确。其第一条所述各款如左〔下〕：

（一）尊重中国主权、独立，和领土与行政权的完整；

（二）给中国以充足和不受妨碍的机会来发展和维持一个有效和安定的政府；

（三）各签字国利用他们的势力来建立和维持在中国领土上各国工商机会均等的原则；

（四）不得利用中国情况乘机获取有害于友邦公民利益之特权，不得鼓动不利于各该友邦安全之活动。

由此看来，门户开放主义不仅是经济政策，而且也是具有历史意义的政治原则。诸如尊重中国主权的完整和给予充分发展一个有效和安定政府的机会等，就可以说明其政治的含义。而且工商机会也是依靠中国政治安定、领土和主权完整的前提而实施的。

于是远东国际秩序自然而然成为战后世界新秩序的一部分。不但国联，而且一切理想主义的条约也均支持该一新秩序。也就是为了这个新秩序，才使中国在本世纪最初的三十年得以免受侵略，使中国得以渐次发展一个有效与安定政府，特别是两次革命（1911—12；1926—27）的成功。1927年后，中国向全世界证明她具有发展和维持一个现代化政府的能力。全国也逐渐统一团结。

可是中国成为现代化的国家不幸却不为其邻邦日本之所喜。日本军人尤其是少壮派老早就认为日本有统治东亚甚至全世界的神圣任务。他们不容许中国统一团结起来，现代化起来。于是决定在中国获得安定和强盛之前要粉碎国家主义的中国。所以八年前在1931年九月十八夜里，沈阳的日军制造"沈阳事件"，几个月后日军占领了满洲三省的大部分土地。

可是日军侵占中国领土，免不了同时毁坏了远东和世界的新秩序，因为按照新秩序的原则，各国应尊重和保证中国主权和领土的完整。中国曾向国联与"九国公约"签字国家申诉。可是当时全世界都没准备制裁侵略以维护世界新秩序。国联仅发表声明和建议，而该声明等于承认日本在满洲的权利，而其和平解决中日纠纷的建议也未为日本接受。

日本脱离国联时候，有位德国部长在日内瓦向日本代表说："我们认为贵国这样做是不对的，可是我们感谢贵国所创立的先例。"所以其他侵略的国家在东非与欧洲步日本的后尘，并都在侵略上获得成功。

这个花费了八百五十万条生命、两千亿元才建立起来，使战后的世界享受十多年的世界秩序渐次破坏，并在两个月前爆发的欧洲战争时完全瓦解。事实上世界新秩序在最初日本侵略满洲时未能支持其本身的原则就注定崩溃的命运。这就是中日战争基本的关键。日本极不愿见中国兴盛起来。于是日本军国主义者破坏了世界新秩序,并建立了"东亚新秩序",这种新秩序,阿本德(Hallett Abend)适当地称为"东亚新混乱"。

日本在中国挑起战争先后八年之久,最近公开和继续下去的战争也进行了二十八个月之久。中国抗战决心的坚定是不需要我向列位同情和开明的人赘述的。这次战争非到中国获得公平和荣耀的和平是不会终止的。

我也不需要向列位赘述敌人泥足愈陷愈深,急想结束他们所谓"中国事件",因为即使没有前线的接触,日军每日都要损失一千人,而其黄金储存量两年来也大为耗损。

在欧洲战争进行的这个时候,很多美国朋友认为远东和平可以很快就结束了。李普曼说"半个世界迈向和平"。《亚洲杂志》编辑华尔许(Richard J. Walsh)写着说"和平必定始于东方"。

但是我希望向这些朋友说,我看不出有早获和平的可能。为什么呢?因为日本军国主义者对他们的侵略还没有悔意,因为到现在日本国内外还没有一个力量可使这些军国主义者恢复理智,和逼他们接受公平和持久的和平。

一个公平和持久的和平必须要符合下列基本的条件:

（一）必须符合中国人民所要求的建立一个独立、统一、和强盛的国家；

（二）结果不得使利用暴力公开违反国际法和条约义务者获取领土和经济的利益。

（三）必须恢复和加强太平洋地区的国际秩序使公平和有秩序的国际关系得以伸张并使类似的侵略战争不再发生。

我重述一次：这样一个公平和持久的和平目前尚未露出曙光，所以我的人民还会照样坚定作战下去，一直战到上述的和平能够达成为止。

（本文为1939年10月30日胡适在纽约美中协会[China Society in America]上的英文演讲"我们还要战作下去"[We Are Still Fightihg]，原载1940年2月《中国杂志》[China magazine] 16卷1期，pp.4—6,郭博信中译文收入胡颂平编撰：《胡适之先生年谱长编初稿》第5册）

国际大家庭

今日为第廿一届第一次世界大战休战纪念日,对于一切爱好和平和国际秩序的人士,今日将必是一个伤心的节日。东亚大战已进行了廿八个月,欧洲渐发展为重大的战争迄今也已有七十天了,而战后秩序的伟大象征国联实际上已经失去了效用。

为过去的失败与错误而哀悼是没有多少用处的。过去的已经过去了。

但是从过去的失败获得教训,倒是十分有用的。这个教训当有可利于梦想和创造未来的人。

两周以前英驻美大使洛辛侯爵说,"和平可由裁军获得,但大规模裁军需要有足够的力量来支持法律,特别是要对付国际的匪徒。"

洛辛爵士由最近国际关系与国际组织的历史获得最重大

的教训。未来的联合国必须是一个"强制执行维持和平的联盟";一个无法强制执行和平的国际组织是虚渺和不切实际的。

我认为一些原则以便于实施这个基本观念是必要的。

第一,未来世界秩序必须建立在各国确切的许诺,而不是在虚渺的抽象观念上。例如1939年英法对波兰、罗马尼亚与希腊的保证就是确切的许诺。而巴黎的《凯洛格——勃莱恩公约》即是虚渺的抽象观念。列登伯爵曾说过:"一个国家的许诺越大越确切,被卷入战争的可能性就越少。"这句话听起来好像似是而非,可是广义的说却是实在的。他引述门罗主义就是一个确切许诺的例子。

第二,古老的各国间形式上平等的观念必须辅以分等级负责任的原则,即按照各国能力、兵力、地理或战略地位分等级负担责任是荒谬的。

第三,由分担责任观念可推广至地区领导与合作的原则。国联致命的错误所在就是它不能有效的执行职责,甚至把它的范围缩小为欧洲国联却无法执行职责。一碰到某地区发生重大的冲突,国联就感到缺乏一个地区组织来有效执行其职责。我所建议的地区领导与合作可由美国在西半球所执行的历史任务作为例证。未来的联合国应当是欧洲联盟、美洲会议、英国国协、太平洋会议、西部与西南亚各国会议等等的地区组织的超级联盟。

一个有确切约束和作为的各国和各国际集团分担职责的地区联盟与联合体的联合国，是我所要向一切梦想建立一个更有效、更好的世界秩序的人提出与希望他们予以慎重考虑的。

（本文为1939年11月11日胡适在美国哥伦比亚广播电台的英文演讲"The Family of Nations"，郭博信中译文收入胡颂平编撰：《胡适之先生年谱长编初稿》第5册）

伟大的同情心

我们今晚在此聚会，不是纪念中国的抗战，而是表现美国人士助华的一种纯粹高尚的同情心，这种同情心，早已在援华机关团体工作上表现出来了。医药助华会暨赈华会，今晚所开的大会，是美国人士助华热烈同情的继续表现。贵会等过去努力热心，奔走呼号，劝募巨款，购办药品和运输用具，不仅加惠难民，而且间接增加中国抗战力量。这是中国政府人民和我个人所万分感激的。

三年前，我从纽约游行到了西部，路过加拿大，沿途经过不少地方，使我发生了不少感想，加拿大和美国人民，对中国难民是有真正的同情心的。让我来说点事实做证明。有一天，我在华盛顿省司卜更城一个饭店吃饭，吃完了有一个穿白色制服的茶房来到我面前，给我三块美金，笑脸说道："大使先生，这是我一点小小贡献，请你收下，代我救济中国难民吧！"这种举动，不是真正同情心的表现么！

一月前，我的邻居巴美莉太太送一封信来，里面附了两张支票，共美金一千元：一张是给美国医药助华会，一张是给蒋夫人的，请他们代为救济中国难民。两天之后，我把"希望之书"送去请她签名，不幸当晚她竟与世长辞！那知道她的签字，就是她的遗笔呢！这种举动，不是真正同情心的表现么！

晚近成了一种风尚，一部分人好以经济的动力和经济的动机解释历史。譬如美国参加第一次欧战，据这一派的解释，完全是因为美国经济财政的原因和动机。跟着这种思想和解释，就产生了许多新立法，禁止任何交战国家（除了南美洲以外）获得美国财政上的协助。他们以为从此美国就可不再卷入外国战争了。

诸位，这种似是而非的经济派的历史家，忘记了各人方寸中尚有一个"同情心"。政府可以立法禁止财政上的帮助，但是政府无从立法消灭多种因素所产的同情心！

几个星期以前，纽约泰晤士报记载有六千美国男女，贫富贵贱皆有，捐了三千瓶人血，作为注射英国受伤兵民之用。该报又说：在这六千人之中，女子多于男子，有的已在五十岁开外。这种举动，如何能拿经济的动机去解释呢！我们很明白这完全是一种同情心的驱使。

在我一次旅行中,有一位年青记者问我:"在你旅行全美中,发现了什么?"我说我所发现的是美国人对于中国有一百分之一百的同情心。这位记者说:"胡博士,这种一百分之一百的同情心对于中国有什么用处?"我回答他:"青年!不要轻视同情心。"诸位,我深信:当你打仗的时候,有人给你深切热烈的同情或遭有真正文化的国家的指责,这两者之间是有天渊之别的。让我现在告诉你:中国打仗的精神所以如是的好,是靠你们同情心驱使所表现的各种援助。正是因为你们同情心的援助,减少了我们伤兵病民的痛苦,使老百姓没有受饥饿和无房屋居住之苦,同时他们精神上也得了无限的安慰。将来驱逐敌人和获得我们自由和独立,还要靠你们同情心的帮助呢!

诸位中国的朋友,我敢说:我们政府和全国人民全心全力的抗战,是值得你们的同情的。抗战至今,已经三年零四个月了,我们抗战虽然是为我们自己的生存,也是帮助世界其他国家打倒民主自由公道正义的整个仇敌。假使日本不是受我国的牵制,欧洲战情不知已坏到什么地步了。

刚刚一年前,我在中美协进社谈话,当时我说中日战争不会在短时期解决;因为日本军阀不会觉悟,不能明了世界舆论,不会放弃野心而走上和平大道。我曾告诉你们:我国全体抗战是有决心的,不达最后目的不止。

一年过去了,现在我再向你们重行说一遍:中国抗战不达目的不止,也许还要许多个月才能成功,也许还要几年才能达到目的。中国决不能停止抗战,因为下列三个理由:

一、现在放弃自由独立的机会,中国将永无希望,现在欧洲的情形,便是我们的前鉴。

二、与野蛮的侵略国家谈不到和平,因为他们说话不可靠;明兴会议是我们从旁所得的教训。

三、中国胜利与否,与世界民主主义的存亡,完全是一事,中国不亡,民主主义不灭,因中国若放弃抗战,则日本所有力量必因德意日联盟的关系而用以毁坏西方民主国家。

有这三个原因,所以中国不能停止抗战。中国决抗战到底,最后胜利一定是我们的。

(本文为1939年11月23日胡适在新港"美国医药援华协会"上的演讲,收入耿云志主编:《胡适遗稿及秘藏书信》第12册)

中国目前的情势

一

日本对中国的侵略，从1931年9月至今已进行八年多的时间。就是当前这次大规模继续不断的战争阶段也已进行了二十九个月。

四周以前，蒋介石委员长于11月12日在检讨两年来的战争时说，日本在战争进行下去时是愈来愈弱，而中国抗战的力量却愈来愈强。他是否过分乐观，或者不切实际吗？

首先我们不难看到中国抗战力量的日益增加。蒋委员长说中国今日的抗战力量比战争开始时增加了一倍。这由日本首相阿部信行对大阪商界领袖在几天前的演说获得证实。他说中国在战场上的军队有二百万人，而解决"中国事件"尚须五至十年之久。

中国的力量在于庞大的空间和人力,以日本的七千万却想要征服中国的四亿五千万。战线绵亘自长城至西江长达两千哩。据保守的中立观察家估计说,即使不发生大会战,日军在各战场每天损失计为八百至一千人之谱。等于一年损失三十至三十六万人!

最近八个月来我们的军队,不管是正规作战或是游击战,都有良好的表现。晋南鄂北我军给侵略者一个严重的打击。十月初我军在湘北和赣北打了几次胜仗,击败敌人攻占长沙的企图。日军死亡三万人之多,而后来日军大本营宣布长沙没有军事价值!

蒋委员长曾说过中国是以"空间换取时间",并"集小胜为大胜"。诸位可由德军闪电席卷奥地利、捷克、阿尔巴尼亚,甚至波兰之战争了解"以空间换取时间"的意义。

我们确已损失大片重要的土地,可是我们争取到两年半的时间,如日首相所预言的战争尚须延续五年至十年之久。时间有利我们,战争愈久,我们的力量愈加强。日本,相反的,战争愈拉长,他们的力量愈加削弱。

二

我不想强调日军在南京大屠杀和各地毒害沦陷区民众中

所表现道德沦丧的事。也不强调日本表现在缺乏自由主义、激进主义，八年战争使全国动荡不安，故未能产生全国领导力量的事。

我仅想以统计数字指出日本基本的经济弱点，日本此次侵略加上满洲侵略所耗费的军费为甲午之战和日俄战争加起来的八倍。前者为一五二亿七千三百万日圆，后者仅十九亿二千万日圆。以1939年的国家预算等于是1931年的七倍。前者估计为九十四亿一千万日圆，后者为十四亿七千四百万日圆。为应付浩大战费，日政府求助于通货膨胀的政策，其纸币发行额如左〔下〕：

1937年　三十三亿日圆
1938年　五十四亿日圆
1939年　（估计）五十九亿二千四百四十六万九千日圆

而这是远超过日本债券市场所能吸收的限度。到1938年末，已经有三十一亿六千万日圆的新公债还留在各银行里，无法售出。

更有进者，日本为购买战争物资使进口额远超过出口额。入超额须以黄金偿付。结果日本黄金储存量大为减少。其售美的黄金：

1937年　二亿四千六百四十七万美元

1938年　一亿六千八百七十四万美元

1939年（1至10月）　一亿三千六百〇一万八千美元

日本因为缺乏石油、铜、铁、铝、镍和橡胶，所以必须大量进口，因此入超与黄金储量的枯竭造成一个严重的情况，而战争的结束仍尚未在望。

这是日本一大悲剧。一个伟大的国家轻易的抛弃了六十年来光辉灿烂的成就来从事一个大规模的自杀愚行。全世界看到了日本的大弱点，那就是无法控制其军事机构，甚至冒着毁灭自己的危险。

三

我们可以用另外一个方式来看远东的情势。中国的抗战乃是抵抗侵略的作战。我们充分感觉到我们不但获得整个文明世界的同情，而且获得友邦给予我们物资与政治的援助。日本却相反的不但是孤立的，而且成为国际间众矢之的。最近连德国都不理日本，而日本仍厚颜无耻的想要联合苏俄来威胁民主国家。

我希望列位了解获得几乎全球的同情情况下作战和遭受

整个文明国家谴责的情况下作战有多大的区别。在最近几个月来几乎全球都一致寄予同情,使我们士气大为提高,因而渡过了这段艰苦的时间。就是由于这个同情心使我们获得友人不少物资和政治的援助。

当然,中国有些乐观主义者曾对外援寄予奢望。他们对于两年来中国需独力作战而其友邦却未能挺身出来支持我方而感到失望。但是我们这些了解国际情势的人了解爱好和平国家厌恶战争的心理,绝不怀着从其友邦获得军事、财政,或物资的援助的。

可是由于中国抗战立场的纯正而日本侵略意图之可憎,使各个友邦心甘情愿的尽量给予我们一切的援助。中国如果没有英、法、俄、美等国的援助,确实是不能在战争中有那么好的表现。

最靠近我们,最不怕日本军事力量,在中国境内最没有既得利益受到威胁的是苏俄。当然苏俄对中国的援助是最不必忌惮什么的,其援助最大的地方有二:一,沿着满蒙边界集结大军牵制了日本驻北满和内蒙古三十多万训练精良武器锐利的军队;二,半以贷款方式半以易货方式运来卖给中国大量武器弹药,并包括大量的作战飞机、大炮和石油。

苏俄给予我们的援助,不但是因为这是为了其国家本身的利益,而且也是因为苏俄近年来正非常热衷于国际理想主义，所以使他们同情中国的抗战。就我所知，苏俄此等援助并没附有任何条件的。

英国和法国在中国大量的权益，时刻都面临着日本的威胁。从1935年以来，英法两国在欧洲有事，无法兼顾远东。可是虽然有了这些大困难，英法在这两年来，仍然是很慷慨的援助中国。十五个月来英国殖民地香港是中国武器弹药的大输运站。尤其是广州沦陷后香港地位更是重要。法属安南通广西的桂越铁路和英国帮助筑成滇缅路等，都是中国对外的交通要道，两条通海的后门道路。

假如有人说英法对中国的援助乃是由于英法帝国主义为了急于防御日本帝国主义的威胁而给予的，这种说话是不公平的。我愿意重复的说这个援助乃是出于他们对中国的深深的同情。目前这些民主国家正实际从事一个反抗侵略和逼害人民的战争。此时英法对我们的同情是更可以了解的。

美国当然是我们国家的人民所期望向之获取精神、政治，与多数物资援助的国家，我们在这一方面并不失望，如众所周知的，你们的财政部根据银元购物法案的规定购买了我们全国大量的银元，这件事对我们大有帮助。还有美国进出口银行于去年12月给予中国贸易公司一笔美金两千五百万美元的贷款，这笔贷款间接的使中国建立信用，而因之获得其他国家美金五千万元的贷款。美国这笔两千五百万元的贷款援助意义是十分重要的。尤其是贷款时正当我们失去广州，士气低落之时，进出口银行贷款的数目虽然不大，但是那笔贷款大大的鼓起中国的民心士气，因为他们知道他们在困苦艰难之时，朋友们并没有抛弃他们。

1939年7月26日美国给予中国以同样鼓励的作用。那一天美国通知日本废除1911年签定的商业与航运的条约。那时候正当英国在东京向日本让步之时，中国正在疑惑究竟会从那个让步受到多少损害与困难，而美国政府的行动使我们疑惑的阴影烟消云散，民心大振。

四

《美日商约》是于7月26日在华盛顿发表的，当时欧洲局势突然大变。于8月23日德苏互不侵犯条约全文公布。不久，德军侵入波兰，9月1日欧战爆发。至今战事已延续三个月之久。

欧战对中日战争，在过去，在未来，有什么影响呢？

数周来，中国领袖们和人民均深深忧惧英法会被迫牺牲中国来向日本作重大让步的危险，恐怕英法会在日本刺刀威胁下关闭滇缅、桂越两条路线，恐怕苏俄会放弃对中国的援助。

可是情况之发展幸而并非是我们所忧惧的，德苏条约事前未通知日本，所以日本政府认为这项条约是背叛德日盟约的事。日本在愤激情绪下宣布德日反抗国际共产党条约无效。现在日本更为孤立，这种孤立的状况将延续一段时间。

日本在愤激与困惑中，至今还不敢向英法在东亚的殖民地进攻。最近英法稍为减削驻华北的军队，可能欧洲局势之突变会逼迫英法在亚洲大陆对日本作其他小让步。但是我们有理由相信这些为反抗征服世界的武力而战的民主国家确实不会背叛两年前至今一直为抵抗侵略而战的中国。如果他们背叛中国，他们对于他们作战与和平的目标尤无法自圆其说。

至于苏俄在远东会有何作为是谁都无法知道的。经过了大约四个月日苏在满蒙边界断断续续的战事后，日苏于9月15日签定一项停战协定，10月31日苏俄总理莫洛托夫对最高苏维埃报告外交动态时，说苏日贸易谈判是可能的，而苏俄将欢迎日本此种试探。可是几天后，共产国际在莫斯科发表一项宣言，呼吁全球工农群众起来支持中国对日本的英勇抗战。至今尚未有迹象可资说明苏俄已经或者将会放弃援华的政策。

简而言之，日俄关系开始好转，日本正作试探谈判贸易的前奏。但是苏俄仍继续援助中国抵抗侵略。

不管欧战对中日战争有何影响，不管远东的国际阵容有何改变，中国还是会坚定的作战下去的，再作战好几个月，或者好多年，一直到敌人为经济衰竭所困，为军事深陷泥泞无法自拔而愿意接受一个公正和持久的和平，这并不是不可能的。列位当还记得1918年11月欧战休战时，德军还占有比利时和法国的很大部分土地，但是德国是被打败了。

假如爱好和平而目前正供应日本铁、石油、铜、镍、棉花与其他物资的国家能够有效的实施对日禁运的话，日本会更迅速的崩溃下来的。日本处在今日经济的困境中，只要用外力加强对日的压力将是非常有效的。

在结论中，我免不了再一次的引述蒋委员长在11月12日的演词。他说："欧战在中日战争已进行了廿五个月后发生是一件幸运的事。""日本今日无疑的想从欧战乘机混水摸鱼。可是日本陷在中国泥淖中无法自拔，因此大大的削弱了其用侵略武力威胁世界的力量。"

由这方面看来，中国在这三十个月来，可以说是为文明和爱好和平的世界作战。这是中国抗战更大的历史意义。

（本文为1939年12月5日胡适在纽约市政协会的演讲"中国目前的情势"[The Present Situation in China]，原载1940年《中国日报》[China Monthly]第1卷第2期，郭博信中译文载胡颂平编撰：《胡适之先生年谱长编初稿》第5册）

中国与日本的现代化运动
文化冲突的比较研究

近年来我曾刊印数篇讨论中国和日本现代化运动的文章。今日我仅是将我这些年来对这个烦人的问题所写的思考作一简括的重述。

一

最先我们要对这个问题所特别引起我们好奇的两方面来研究,一般说来,这问题最烦人的第一方面为什么在日本现代化运动很成功,而为什么在中国却不成功呢?

但是近年来这一方面的问题却大有变化。经过一世纪的犹豫和抗拒后,中国终于成为一个现代的国家,在物质方面,中国诚然不够西化,但是对于人生观和人生意识却完全是现代化了。换句话说,日本七十年的迅速现代化之后,却突然发现其国民生活的基本方面并没有改变。最同情日本的艾伦（G. C. Allen）教授和《转变中的日本》一书的作者艾弥儿李特勒教授和爱蜜李特勒塞特勒（Pro. Emil Lederer and Emy Lederer-Seidler）均指出日本虽在物质方面有长足的进步，可是却仍保留其传统的精神和习惯，又说那是因为日本古老传统已达到一成不变完善的形式。

总而言之，最近所产生的问题和前述的问题恰巧相反。问题变成为中国为什么终于推翻其古老的文化和达成中国的文化复兴，而日本在七十年现代化后却仍无法抛弃其古老习俗的坚实的核心。这是上述问题的第二方面。

这个问题的第一方面的解答有赖于第二方面的解释，反之亦然。

二

这一个问题的第一方面疑难之点是为什么日本的现代化成功了，而中国却失败了。于1933年我曾想法解答这个疑难之点。当时我提供的解释，中日文化界对于现代化的反应截然不同。我描写日本的现代化是在一个中央集权的控制下实施的，特别是由于一个统治日本封建的军国主义阶级所促成的。从这个阶级产生了几个维新的领袖。他们不但决定要改变什么，决定不改变什么，而且还拥有实现该等决定的政治权力。我又在另一方面指出中国缺少这样的一个统治阶级，而且中国社会组织系完全民主化的，所以在现代化的过程中只能够走一条又缓慢又费力的路。中国走这条文化变化的路是经由思想和实际的逐渐普及渗透和逐渐同化而达到的。首先往往是几个人发动，慢慢赢得信从的人，最后大家相信这些新东西是合理的、方便的或有效的，终而普及和同化的。

日本式的现代化运动之优点是有秩序的、经济的、继续的、安定和有效的。但是我也看出其不利之点来。日本为保护其传统的精神和对人民控制的严密，所以采用军事外壳来防止新文化侵入到日本传统的中古文化里面去。固然日本所保存的传统文化有很美丽的地方，有些地方还具有永恒的价值；但是也有一些原始的和孕育着火山爆发性的危险所在。

中国式的逐渐普及和同化的文化变化不利之点很多，因为这种变化是缓慢的、零落的，并且往往是浪费精力的。

但是中国式的变化也有其不可否认的优点。因为从口红到文学革命，从鞋子到推翻帝制都是自愿的。广义的说，都是经过"推理"的结果。中国并不需要特别保守什么以免为西方文化所侵入。也没有一个人或者一个阶级坚主保守什么制度以免为外来文化所感染。简而言之，这种缓慢长久的文化变化过程往往有基本和永久改变的结果的。

三

上述的理论能解释上述疑难问题的四个方面吗？可以解释日本何以迅速西化却仍保存中古的传统吗？可以解释中国西化的失败，其后又渐成功吗？我不但认为可以，而且认为这是唯一可以满意解答这些看起来似乎是矛盾的四方面问题。

按照我的理论，早期和迅速的明治维新是一个统治阶级有效的领导和有力的控制所促成的，这个统治阶级恰巧就是最渴望采用西方战术和军械的军国主义阶级。李德勒教授曾指出说："在这个早期阶级简直预料不到第一个步骤会不可避免的引至第二个步骤。"他又说："既然一个现代国家需要变成为工业化之后才能成为一个具有军备的国家，所以日本必须要朝那方向发展。但是工业与其他各种生产又有经济上的相互关系，所以工业也意味着其他与进行战争并无重大关系的工业部门的发展。与军国主义一样无法仅限于其本身发展的是工业的工艺系统，此种工艺系统也深远的牵连到社会制度。"日本的西化也就是李德勒教授所称为"军国主义的工业制度"。

所有欧洲以外的国家学习欧洲文化中的军事方面最成功的是日本，并且日本是在其他非欧国家学习这方面的文化失败时单独成功的一国。主要的解释是其他非欧的国家不像日本有一个统治全国达一千四百年之久的军国主义阶级来主其事。

但是这个军国主义的阶级却并非是一个开明和智识阶级。其领袖勇敢、实际、爱国，有时还表现出一点政治家的风度，但是他们对远景和新文化的了解很有限。他们如小泉八云所说的是认为西方军械力量可构成一道防线保护日本德川时代的传统价值免于受到损害和改变。

对日本和全世界都是不幸的是日本对俄国和中国的军事胜利正是这些短视的领袖所表现出来的这种精神。结果这个不断在改变的世界所产生的新思想与实际情形无法打进日本中古时代的传统文化里去。利用现代严格控制的教育、宣传和新闻检查，和利用特殊属于日本对天皇崇拜的教育，加强了统治和孤立日本两百五十年德川幕府中古文化的坚实不破。使日本工业化和军事化，并且使日本传统更加坚固的，就是这个中央集权的领导和控制。

同样的理论也可以用来解释中国现代化的历史。中国西化的失败，就是由于中国缺少使日本西化成功的因素。中国领袖也像日本一样希望采用西方的坚兵利炮和工业系统。他的口号是"富强"。但是中国既没有军国主义的传统，也没有一个有效的执政阶级来领导这个庞大的事业。中国在二十一个世纪以前就脱离了封建制度；社会制度变成完全民主化。所有政府的政策、宗教、哲学、文学和社会的习俗，全都反对黩武主义，并轻视武人。所以在1880至1899的中国新海陆军就注定失败的命运。1894年至1895年的海军全灭后，一切用以支持海军的新工业，如船坞、商船和政府经营的钢铁工业都逐渐变成毫无发展。1898年维新运动和1900年的拳乱，使满清政府和朝代失去人民的信任。从那个时候起，中国主要的努力摧毁那个无知和反动的中心——帝制和其他附属制度——并建立一个政治权力和领导的新中心。

因此日本在其封建军国主义阶级领导下的西化运动最先成功时，中国却需花费三四十年，来推翻帝制，然后来击败新兴起的军国主义者。大家认为要使中国走上现代化的道路，其先决条件就是达成政治革命。

在1911至1912年的革命终于推翻帝制，驱走满清。这个政治革命从任何一方面来看都可说是社会和文化的解放。在一个没有统治阶级的国家，推翻帝制等于毁坏了社会与文化改变由中央集权化统筹办理的可能性。但是也创造了一种自由接触、自由批判、自由评价、自由主张和志愿接受的气氛。

所谓中国的文艺复兴就是这种自由气氛的自然结果，这种气氛也促成了各种文化改革的实现。结果中国达成了社会、政治、文化和宗教等生活的现代化。比所谓"现代日本"在这些方面达成更深远的改革。

时间只准许我引述一个重大和基本的事实为例来说明。那就是中国文化改革的性质。前面所述的自由和不必畏惧的批判精神，是中国领袖所用以研究和审查其自己的政治、历史和宗教制度的精神。最近四十年许多懂得以批评的眼光来了解中国传统的东西，并且勇敢和无情的批评中国弱点的人，如梁启超、蔡元培、吴敬恒、陈独秀等具有很大的影响力，并不是一件偶然的事。中国的传统并不是神圣的全不可加以移易或批评的东西，甚至孔子、老子、佛教、朱熹、帝制、家庭、宗教都不是不能置评的东西。就是以这种准许批评和不畏刑责的态度和精神来说，中国之现代化已经超过日本。

四

假如这篇讲辞有什么值得向在座博学之士贡献的寓意，那就是接触和选择乃是文化改革和传播的最主要的条件。凡是两个文化相接触之后，人民自然的倾向（自然律）乃是向对方学习自己所缺少和不如人的地方。

如果这种自由被剥夺了，如果人为的把整个文化或者某一个特别宝贵的那几方面加以孤立和予以特别保护，那这个文化就成为古老习俗坚实的核心，缺乏辩证和充沛精力的现象。这就是现代日本的现象。

所以日本一直保持其古老传统并不是一件神秘的事。但是假如说日本文化能够达成完善形式所以一直一成不变也是不对的。譬如说男女衣帽的式样比较起来，男的总不像女的变化之快。我们能说男人的衣帽已达到完善的形式吗？又譬如说席地而坐，在中国废弃已久，以至于历史家至今还难以断定中国最先使用桌椅的时间，而日本至今还是席地而坐，我们可以说这个习俗已达到完善的地步而无法改变吗？

可是假如说日本人的了解力是天生笨拙和其对生活是保守的，所以学不到现代文化的精神也仍然是不对的。缺乏了解力绝不会阻止一个民族接受新流行的东西。日本接受佛教时，或许很不了解佛教教派的学说（当然中国在佛教之传入时仍然是不懂其教义）。而且一个民族总可以学习，欧洲某观察家曾说日本在十七世纪根本不懂数学，尤其是艰深的部分。但是我们知道有些日本人可以成为很好的数学家。

至于日本人的保守性，我们看他们从前和朝鲜、中国和欧洲接触时的摹仿可以证明日本人是相反的，绝不是保守的。他们向外国学到一切东西，甚至社会、政治和宗教制度都不例外。山森在提到耶稣会在日本传教成功时说：

> 虽然有些人热烈且不畏艰险的真正皈依天主，可是吾人不得不有个想法：一般信教者之皈依天主仅是因为想摹仿外人的一切习俗，包括宗教在内是当时日本全国时尚的现象。吾人所获悉的是日本许多非基督徒也买念珠和十字架，甚至丰臣秀吉本人也买的，穿外国衣服和念几句拉丁祷告辞，当时也成为一件时尚的事。

所以我不得不下这样一个结论说自由的因素有一天会像打破中国传统一样的打破日本古老习俗坚实的核心。

（本文为1939年12月29日胡适在美国历史协会的演讲，原载 *The China Quarterly* 第5卷第4期，郭博信中译文载胡颂平编撰：《胡适之先生年谱长编初稿》第5册）

中国为一个作战的盟邦

日本在中国发动侵略战争是在十多年前。那是1931年9月18日的夜晚，日军突然攻击中国的沈阳城，并加以占领。从1931年至1936年期间，日本在中国很多地方一直断断续续的进行其侵略战争。但大规模的战争却是在1937年7、8月间爆发的。

因此中国为本身的自由和独立作战断断续续的进行了十多年，但是在最近五十五个月里才是全面的和不断的进行着。

或许你们会问我说，中国在如此困难的情况下怎么会有办法对一个强敌抵抗了那么长久的时间呢？中国抵抗日本侵略有四年半之久，大家认为是一个现代的奇迹，我将利用分配给我的这段时间内向列位解释促成这个奇迹的因素。

简单的说，支持中国抗战力量的有五个主要的因素：

一、空间。

二、数量。

三、历史性的关系。

四、内部的重建。

五、外援。

第一是空间,中国承袭了一大片可以行动自如的空间。经过十年断断续续的战争之后,特别是经过了四年大规模战争之后,我们的敌人只可称是占领了中国十分之一的领土。蒋委员长曾告诉世界人士说,中国抗日的战略原则是"以空间换取时间"。中国之所以能够使日本侵略者陷于泥淖中而获得四年的时间最重要的因素是空间。这个空间的因素可以由希特勒在几个月内闪电的占领十多个欧洲国家的事实得到充分的了解。那些西欧、北欧与巴尔干半岛的国家之所以会一个一个的陷入敌手的原因主要是缺乏足够的空间来换取时间。最近苏俄能够成功的抵抗德军装甲师团的猛攻,重新又给我们一次证明,抵拒闪电战术最有效的武器就是时间,而时间只能用大片的空间和众多的人力来换取到。

第二个因素是数量。那就是庞大数目的人口为供应作战人力真正的和潜在的来源。这几年来,中国在面对着拥有优秀机械化部队的敌人时曾受到了军事上很大的挫折,但是由于我们数量上的优越,使敌人永远没有办法包围或捕取到中国任何大军团。而我们能够利用所争取到的时间来训练愈来愈多的师团与军官，所以日军高级指挥部人员才会说蒋委员长至少还有三百万经过训练的军队在他的麾下。这就是说，甚至敌人都承认现在中国军队的数量是比四年前战争爆发时还要大，而且这个数量还没包括大量的游击队在内呢。我们充满信心的相信一个拥有七千万人口的日本绝对无法征服一个拥有四亿五千万人口的中国。

第三个因素是我们历史性的全国的团结。你们常听到人家说中国是因为日本侵略和这些年来的战争才团结起来的，这句话是不确实的。这样一个奇迹是没有办法用这么短的时间来促其实现的。我们可以坚决的说，中国全国团结是二十一个世纪的努力所达成的。中国在公元前200年团结成为一个帝国，在最近二十一个世纪半的时间中有几个短时期的分裂局面，和遭受外来的侵略。但是大体上说起来，中国曾在一个帝国，同一个政府，同一个法律制度，同用一种文字，同一个教育形式，和同一个历史文化之下继续不断的生存二十一个世纪以上的时间。这个团结着的国民生活之延续是任何其他种族、国家或洲陆所无可与之比拟的。外国观察家写的往往是关于中华民国建立后的二十年，而他们不能了解中国的内部虽然有政治纠纷，但其背后仍有国家团结基本的感情，更不能了解此种团结的一贯性，现在把全国连起来的就是这种长久历史性的团结感,一个力量激动起人民为抵抗侵略拯救国家而英勇的作战下去,在他们逆境与苦难中安慰他们,使千千万万人有耐性的忍受着非常大的屈辱与痛苦,使他们相信最后胜利必定属于他们具有长久历史的祖国的,使他们永远不灰心气馁的,正就是这个历史性的团结感。

第四个因素是整整十年内部重新建设而培养成的支持力。当日本人于十年前的1931年9月18日发动侵略战争而侵入满洲时,中国毫无准备的面对强敌,而这个强敌恰巧是世界第一等军事与海军的强国。我们的领袖们完全预料到大规模的战争一开始,中国就必定会失去华东与东南海岸全部的现代城市,可能也会失去长江下游的城市,并且会毫无防御的受敌人强大的海军严密的封锁。所以在那些表面上看来是在姑息敌人的几年中,我们领袖们不但训练和装备军队和尽量使他们现代化,而且也采取重要步骤,借以在广大的中国西部和西南部策划一个长期经济和工业的建设,当时他们就预料到即将来临的战争和海军的封锁。

在这方面的第一个步骤就是建造铁路和公路以连系中国西部、西北部和西南部。在最近十年中建造了一个广大的汽车公路网,其中包括通往俄国横贯大陆公路和通缅甸的滇缅路。最近《纽约时报》的窦定(F. Tillman Durdin)从缅甸寄来的报告说到滇缅路工程的奇妙。我从他的电文引述几句话给列位对于中国在内地交通方面的成就有个了解,窦定先生说:"没人真正描写过滇缅路。这条几乎全用人手造成的路是一个惊人的成就,而且毫无怀疑的是现代最伟大公路建设的奇迹。这公路在似乎无法可通过的一万八千尺的山岭上,蜿蜒通过三千尺深的峡谷。有些部分是从山边凿刻出一条路出来,下面是好几千尺深的山谷。南部通过的是世界上疟疾肆虐最厉害的地区。"

在内地建造现代工厂的步骤也是同样重要的。就在战争爆发前后不久,政府断然采取步骤拆掉四百多座工厂,并把各工厂的机器和设备迁移到内地,其中包括机械工厂、金属物品制造厂、化学工厂、纱厂、面粉厂与造纸厂。政府协助搬运机器的重量总共是七万多吨。此外,熔炉炼铁炼钢炉以及其他钢铁工业所必需的有关物资也运往内地。为了应付在内地计划工业的需要,政府也把开矿设备包括起重机、抽水机,以及其他机器从河南大矿区运到西南各省,以便能有转为现代化的设备开采煤矿。从矿区运往内地的这些物品以及运往内地的熔炼金属的火炉,大约总是五万吨。政府除了搬运工厂外,也设立了几个新工厂,包括电解铜厂、电器设备工厂和机械工厂等,这些新工厂的设备重量总共是一万多吨。

迁往并运往内地的三种机器重量共是十三万吨。这个重量对于有机器思想的美国人是不足轻重的。但是我们必须要记得这十三万吨的机器是用最原始的运输工具所搬运的，——多数是背负在人的肩背上搬运的。

搬运这些工厂在一个前此都不曾有过工业的内地设厂，然后开工生产；一共花了一两年的时间。这些工厂分布在广大的内陆，有些工厂已经遭受轰炸，但是多数都完整无损。也就是有了象奇迹一样的搬运了那些工厂才能制造出用以抵抗日军的武器，供应我们浩大战争机构物质的需要，开采新旧矿区的矿藏，和生产化学物品、纺织品、面粉、纸张，以应自由中国人民的需要。

建立庞大的交通与运输系统与促进内地各省工业化的这些措施，构成了中国抵抗力量的第四个因素，——大西南北区的重建。

最后，但是绝不是最不重要的因素是国际对中国的援助。中国之所以能够在这几年中作战是因为我们能获得外国朋友们给了我们重大的援助，这句话并不是夸大其辞。这几年中我们不断的得到了苏俄、英国、美国和崩溃前的法国用种种方式给我们的援助。这些援助有各种形式，有时候是医药器材和难民救济的自动贡献，有时候是政府或商业贷款，有时候是贸易方式售卖军事物资的办法，有时候是政府对我们货币的支持，有时候是维持我们对外交通和运输进出口物资的空中与商业通道，以及有时候是采取对我们敌人物资禁运的方式。

所有这些援助的方式对于我们作战的力量都是同样重要的。举个例来说，英美一齐帮助安定中国货币安定价值和他们直接给我们物资的援助是同样重要的。我们朋友在我们海路通道全给切断的三年中，努力维持我们对外界的运输与交通线是特别重要的事，经过苏俄横贯洲陆的通道一直维持到今日，均畅行无阻。在战争早期，香港是运输我们作战物资进来最重要的港口，一直到最近，香港几乎是我们空运的唯一港口，一直到法国崩溃时为止，法属安南的海防港至中国云南省是中国最重要的后门。在最近几个星期，全世界正以最大的兴趣和关怀注视缅甸战场，他们充分了解滇缅路具有极大的重要性，因为这条路是中国通往海口并从外国输入作战物资唯一留存的后门。

至于经济与物资的援助来说，美国根据其援助抵抗侵略国家的政策所给予的援助不但始终一贯的，而且是十分慷慨的。美国政府从1938年至最近给予的五千万美元之巨的借款之前，一共借给中国一亿七千万美元。并且根据1941年3月租借法案在最近十个月间给予了中国很多的物资援助。

但是援助中国抑制我们的敌人最重要而且最有效的步

骤,乃是美国政府对日本有效的经济禁运,而且在去年七月初大英帝国与荷属东印度群岛也起而支持这个禁运政策。那时美、英、荷下令把其境内的日本资产冻结,把各级汽油置于禁运之下,实际上各该国与日本的商业与运输的交往已呈完全停顿的状态。

抵抗日本侵略最有效的经济禁运全面施行的时间,仅是在日本军国主义者去年12月间对英美在太平洋前哨地带发动诡诈突袭之前四个半月的时间。这些野蛮的突袭以另一种意义来说,乃是侵略者对于这种经济武器的效力致最高的敬意。我相信这个经济因素在最后打破欧亚国际匪徒的主力的过程中会不断产生很大的效果。

所有这些对中国援助的方式是"实际战争之外"的措施。但是去年12月7日——"一个永久是个耻辱的日子"——国际情况突然改变。在珍珠港,在韦克岛,在中途岛,在关岛,和在岷里拉所发生的事,使整个美国,整个盎格鲁撒克逊的世界,所有中南美共和国,均感惊讶震撼。结果,不但ABCD(美英中荷)联合阵线技术上以及心理上与精神上均成为事实,而且有二十六个国家真正的形成为联盟的"同盟国",赞同《大西洋宪章》的原则,保证利用他们全部的军事与经济力量来对抗三个轴心条约国,并且宣言不和敌人个别媾和或停战。

中国单独作战了四年半之后，就这样的突然发现自己正和二十五个新盟邦并肩作战，其中包括世界三大强国。

国际情势的突变已经使得我的人们在精神上与士气上产生了很大的效果。中国军队最近在长沙和鄂北战场的大胜利，就是最好的例子来证明国际新联合体对于自由中国作战力量所引起的影响。

上述的就是形成中国作战力量的五个主要的因素。我们还有很广大的空间。我们还有很多的人力，我们国家团结的历史意义，受到了火和血的新洗礼之后，比从前愈益坚固，不可动摇。我们内部的经济与工业重建工作，每个月都显露出更多更好的效果。更有进者，中国抗战的第五十四个月的第一天，整个国际情势突然变成对中国有利，对我们的敌人不利；中国不再是单独作战，而是"拥有六大洲绝大多数人口"的二十六个国家"军事与经济的全部力量"的支持。

离开费城不远的地方，有个历史性的福奇谷村庄。这个村庄是1777年到1778年华盛顿军队驻扎的冬营所在地。

你们最有科学脑筋的历史家菲斯克（John Fiske）说："华盛顿军队在福奇谷村所遭受的可怕煎熬与痛苦，引起历史家的同情和钦佩。当这些可怜的士兵在1777年12月17日步行到他们冬营时，他们所踏过的雪路上斑斑的染上他们生冻疮的赤脚流出来的血……在23日华盛顿告诉国会说,他的营中有2898人'不适于服役,因为他们赤脚而且衣不蔽体。'冻饿使患病者日益增多;而在拥挤的医院里,有些人因为缺少稻草铺在他们所躺的冰冷土地上而活活冻死。他们所受的痛苦非常大,所以万一敌人攻击,简直就难以召集两千人可以拿起枪杆的。"那是1777年冬天福奇谷村的情况。

美利坚合众国的祖先怎么能脱离福奇谷村的苦海而渐渐步上约克镇的最后胜利呢?究竟从1777年冬天到1781年10月约克镇胜利之间发生了什么事呢?

所有的历史家都同意引致独立战争最后胜利的是两个因素。第一,革命军虽然遭遇到几乎无法克服的困难,仍然继续作战;第二,同时国际情势的变化大有利于美利坚共和国。那就是法国不但给予美国很大的财政援助,而且派来了一个庞大装备优良的远征军,包括陆军与舰队,以协助华盛顿对英国作战。事实上,那时候整个情势对英国不利。在1780年,即英国在约克镇投降的前一年,英国实际上是对整个欧洲作战。就是因为这个不利的国际情势,才使英国无法增援在美国作战的军队,而给相当小的华盛顿部队以有效的打击。

这两个因素是同样重要的。假如革命军在1777年放弃作战,或者在1778年接受和谈的建议,这个国际情势有利的转变就不会对美国争取独立的目标有何帮助,而也可能今日就没有美利坚合众国。

我的同胞的脑中决不会忘记这个历史类似的事件。1938年12月在纽约城,我提到过福奇谷到约克镇的事,下结论说:"这个历史类似事件的含意是十分清楚的。中国抵抗侵略者战争的最后胜利也一定要依靠两件事:第一,中国必须继续作战;第二,在这段漫长的时间中,国际情势转变对中国有利,对其敌人不利的时候一定会来到的。"

中国作战了一年半之后才获得美国第一次贷款。我们作战两年两个月之后欧洲大战爆发。我们作战了三年八个月之后才获得包括在能享受1941年3月租借法案的国家之内。我们作战了整整四年之后英美政府才开始冻结日本资产,并且对日本施行全面的禁运。我们作战了四年五个月之后才找到并肩作战的新盟邦。

现在情势转变了,但是最后胜利尚未在望。你们的国家,我的国家,以及所有我们的盟邦面对着一个长久和艰难的战争。但是我们现在要以结交了新伙伴所鼓舞起的新勇气和新力量继续不断作战。对于最后的结果,我们毫无疑惑的是"联合国"的胜利。

我将把我同胞想告诉列位的话作为结论。这些话以蒋委员长在去年12月9日致罗斯福总统的电文最可以表达的。他说:"我们把我们的一切都贡献于和你们并肩作战的共同战场上,直到太平洋和整个世界免于受残暴的力量和背信者之害的时候为止。"

(本文为1942年2月19日至26日胡适在美国西海岸的英文演讲"China As a Fighting Ally",郭博信中译文收入胡颂平编撰:《胡适之先生年谱长编初稿》第5册)

中国抗战也是要保卫一种文化方式

一

你们知道你们是为什么而作战的。你们是为了保卫你们的民主生活方式而作战的。这种生活方式,按照我所了解的,就是自由与和平的生活方式。

就西方世界与西方文明而言,问题的关键,乃是专制与民主的对垒。也就是自由对压迫、和平对武力征服的斗争。

今天,太平洋区域问题的关键,和西方世界所面临的,毫无二致。那便是极权统治下的生活方式,与民主生活方式的对垒。换句话说,也就是自由与和平对压迫与侵略的斗争。

西方问题的焦点,在于纳粹的德国对西欧与英美民主国家间的冲突。而太平洋区域的问题,在于中日间的冲突。两方面战争的目标是一致的。

基本上说,中日冲突的形态乃是和平自由反抗专制、压迫、帝国主义侵略的战争。

为求彻底了解太平洋区域冲突的本质,我们必须就中日历史事实,作一对照性的分析。

(一)中国在两千一百年前,即已废弃封建制度,成为一个统一的大帝国。当时的日本,尚在军国封建(幕府)制度的巅峰时期。自那时起,幕府制度,代代相袭,延续至十九世纪中叶,派瑞(Commodore Perry)迫其开放门户,始告终止。

(二)两千一百年来,中国发展成为一个几乎没有阶级的社会组织。政府官吏的产生,都是经由科举考试的竞争选拔出来的。但日本呢?至少在近八百年来,都是武人政治。他们这个统治阶级的地位,一直是不容许他人问鼎的。

(三)中国在权威鼎盛时期,也从不鼓励武力侵略,而且一向厌弃战争,谴责帝国主义的领土扩张行为。相反的,军国主义的日本很久以前沿袭而来的国家理想一直都是向大陆作领土的扩张,和妄图征服世界。

上述这些历史事实的对照,在中日两国生活方式和文明发展上,是具有重大的意义的。这两个民族的国民性和社会体制,也就在这些史实的推演中形成。这就是为什么中国成为一个民主和平的国家;而日本成为一个极权黩武的民族的原因。

二

现在让我们回顾一下中国的历史,以便了解这种自由、民主和平生活方式发展的过程。

远在纪元前221年,中国就已成为一个统一的大帝国。在统一之前,是一个漫长的诸侯割据时代,称为春秋战国。在这个时期中(尤以纪元前600—200年间为最),具有创造性的发展的中国思想和文化,大放异彩,与西方古希腊思想、文明的兴起,颇有异曲同工之妙。

由于这个时期,在学术、哲学上的成就,中国的自由、民主、和平观念与理想,也就随而产生。有关中国民主思想形成的哲学基础,可以从下面数例中,见其大要。

第一,是以"无为而治"的黄老治术为最高政治形态。老子和他的门人认为,最好的政治,是使人民几乎不知有政府的存在;而最坏的政治,是人民畏惧政府。所以他主张:"一切听其自然……无为而无不为。"

第二,是墨家的兼爱精神。墨子主张"非攻";他一生的精力,都致力于传布"博爱"及"国际间和平相处"的道理,这些道理他称为是上天的意旨。

第三,是本着"人皆可教"的原则,产生了社会不分阶级的理想。孔子说:"性相近也,习相远也。惟上智与下愚不移。"及"有教无类"。正说明了这个道理。

第四，中国具有言论自由，及政治上采纳坦诚谏奏的悠久传统。远在纪元前八世纪时，有一位政治家曾留下这样一段名言："防民之口，甚于防川，川壅而溃，伤人必多，民亦如之。是故为川者，决之使导；为民者，宣之使言。"《孝经》中引有孔子一段话说："昔者天子有争臣七人，虽无道，不失其天下；诸侯有争臣五人，虽无道，不失其国……士有争友，则身不离于令名；父有争子，则身不陷于不义。"

第五，是人民在国家中，占极重要地位。人民反抗暴政，乃天经地义的事。孟子说："民为贵，社稷次之，君为轻。"又说："君之视臣如土芥，则臣视君如寇仇。"孟子的民主革命思想，说明人民可以抗暴，更可以诛戮暴君。

第六，是均产的社会思想。孔子说："有国家者，不患寡而患不均……盖均无贫。"

以上是中国所以爱好和平，与重视民主的一些理论性的、哲学性的基础。这些观念与理想，是在纪元前三世纪，中国第一个学术成熟时期，发轫于我们的先圣先贤，而且代代相传到今天。美国国会图书馆东方组主任赫莫尔（A. W. Hummel）是我的一位好友。他对中国民主思想，曾对孟子的民主学说表示以下的意见："中国在两千多年的君主体制下，不但革命的论调，能够存在，而那些含有革命思想的书籍，竟又用来作为考选政府官吏的依据，这实在是不可思议的事。"

中国古代的许多哲学思想，也能在两千一百年的帝国制度下，一一付诸实施。

（一）一个统一的大帝国，竟然形成和平与无为而治的政治作风。纪元前二世纪大帝国的版图，和今天中国的版图的广袤几乎一样大小。在通信交通不像今日这么发达的当时，要想统治这样广大的国域，真是谈何容易。那时的始皇帝，想以军国主义与极权领导，统治这中国历史上的第一大帝国。可是不出十五年时间，就遭到了为革命推翻的悲惨命运。继之而来的，是中国的第二大帝国——汉朝，统治了四百年之久。汉朝政治家，由于历史教训的利益，决定建立一个和平统治的王朝，将无为而治的政治哲学付诸实施，逐步推行文人政治，使人民享有统一帝国生活的种种权益，而不受政府过分的干涉。

由于汉朝长期无为而治的文人政治制度实施的成功，以后各代，也大都相沿推行。

在上述期间，因为中国没有强大邻国侵犯，所以和平与军备裁减的实现，并无困难。当时虽有好战的游牧民族为患，然而尚不足以使中国走上扩充军备与军国主义的道路。所以无论就政治、哲学、宗教或文学而论，均视战争为大忌。

个人自由与地方自治精神,更是和平与无为政风下必然的产物。所以,中国政治一贯的特色,是被治理者个人主义的充分表现。他们尽量避免政府的控制,和常常流露出无政府主义的思想。下面的一首民歌,便是最好的例证:

> 日出而作,日入而息。
> 凿井而饮,耕田而食。
> 帝力于我何有哉!

这种"天高皇帝远"的自由民主思想,不是采用无为而治的政风,是不可能产生的。

(二)由于封建社会早已废弃,长子继承权(宗法)制度,也就随之消失。汉代财产继承的政策,是各子平均分配,而且不分贵族平民,都已习为风尚。任何富户,经三代分产之后,便已不复存在。所以,经过两千一百年的均产之后,逐渐形成今天社会结构的民主化。

(三)两千年来的科举制度,更进一步使中国社会民主化。科举制度起源于对儒学人材的需求。孔孟儒学中的语言,虽然已经不是当时流行的口语,但却是官方上下来往的文件与学术著作的标准语言。后来教育逐渐普及,科举制度日益完备，取才对象的限制，也就日益放宽，科举也就成了谋求显达的唯一合法的，而且光荣的途径。由于限制放宽，贫苦子弟也可以逐步晋升到卿相的地位。后来考试范围大都限于《四书》，便给予有志的贫苦青年子弟，接受儒学教育与中举的机会。科举制度的建立，正是孔子"有教无类"理想的具体实现。

（四）长子继承（宗法）制度的及早废除和公开科举取士制度的实施，是中国人争取平等的奋斗；而监察制度的实施，又是中国人争取自由的奋斗。中国在上古时代，即有监察制度的实施。负责监察的大臣，往往不顾专制君主的愤怒，直言进谏。后来不但御史台可以谏奏，凡是有头衔的官吏都享有这种谏奏的权利。因此演变出一种带有宗教色彩的传统——最昏庸的国君，对直谏的臣子，也不敢严加处分。国君对谏奏的容忍，一向都被认为是一种最高的美德。那些因为谏奏，而遭到严刑重罚，或被暴君处死的忠臣，一向都被尊崇为维护人民利益、反对暴虐统治的英烈之士。

（五）最足以表现中国人积极争取自由的一面，是学术生活和传统。中国思想史上最辉煌的时期，呈现出独立思想与大胆怀疑的精神。至圣先师孔子的教言中即有："学而不思则罔，思而不学则殆。"及"知之为知之。不知为不知，是知也。"

中国的思想自由和批评精神，就是在这个"合理怀疑"的伟大传统中，培养起来的。公元一世纪时的王充，对当时所有宗教思想与玄学观念，曾以高度的科学方法，站在哲学的观点，大胆的加以批评。于是这种批评精神，使中国从中世纪风行一时的释、道二教中解放出来。就是在儒家本身，也一样充满了独立思想与批评、怀疑的态度。譬如对孔学典籍的批评，很久以前就已蔚为风气。凡经学者证明为伪冒或窜改的卷册、章节，不管世人如何重视，都能毫不犹豫的加以驳斥。这种自由批评的风气，到九世纪后期，更加显著。于是自由派学者，对一切主要孔学典籍，均抱有丝毫不苟的疑问态度。

在过去半个世纪中，中国的社会和政治思想，也接受了这种怀疑和批评精神的洗礼，而具有怀疑与批评的特性。在这个时期的中国思想领导人物，几乎都曾对民族文化遗产，作过批评性的研究。而且对每一方面的问题，都当仁不让的予以检查及怀疑和严厉的批评。因此，无论宗教、君主体制、婚姻及家庭制度以至于圣贤本身，都在评论之列，以确定其在新时代、新世界中的存在价值。

这里要请诸位特别注意的一点是，中国这种学术上的自由批评精神，不是舶来品，而是固有的。去年，在我向美国国会图书馆，存放先父尚未出版的一些手稿时，我曾向该馆当局指出,这些资料,是先父八十年前,在一个老式大学（龙门书院）中研究时使用的。其中每页,都用红色印刷体,记载如下的字样：学生首须学会以怀疑的精神来研讨课程……哲学家张载（纪元1020—1077）曾说："于不疑处有疑,则学进矣。"

这种自由批评与怀疑的精神,使我们推翻了君主专制,废弃了教育与文学上纯以文言为工具的传统,而为今日中国带来了一个政治与社会革命,及文化复兴的新时代。

三

再看日本历史,那真有天壤之别!

日本历史,在政治组织上,一直是极权统治；在学术上,是愚民政策；在教育上,是军事化训练；其抱负则是帝国主义的思想。

日本历史上的极权独裁政治,是它国内外观察家,有目共睹的。日本历史权威乔治·森荪爵士（Sir George Sansom）曾说：

> 约自1615年起,日本即在寡头政治统治之下。统治的方法,多与现在极权国家所用者相同。它的特征是：

统治者自选干部；压制某些阶级，使其无所作为；限制个人自由；厉行节约；多方垄断；各种检查；秘密警察；及"个人为国家而存在"的教条。至1868年，这一政权虽被推翻，但继起而代的，并不是一个受大众欢迎的政府，而是一个强大的官僚集团……因而奠定了日本极权主义特质永恒不变的基础。

曾于1940年9月，起草并签署轴心国联盟条约的前日本驻罗马大使白鸟（Shiratori），对日本历史的评论，比森荪爵士更为露骨。他说："过去三千年中，日本民族成长的基本原则，就是极权主义。"

因此，日本之所以甘心加入轴心国，而且把这种做法，视为它一贯的国策，是有其历史背景，并非偶然的。

其二，是关于日本愚民政策的诸多记载。也就是在学术上，对传统与权威的无条件接受。日本学者，对某些神话、传说，是不容许存有怀疑态度的。譬如日本皇室与贵族衣钵相传的神圣性，太阳女神，纪元前660年2月11日为日本帝国开国日，或称为大神传下镜子、宝石、宝剑三件圣宝的帝国的创建日。

日本帝国大学教授Telsujiro Inoue在他的一部代表作中，大胆的表示了他对伊势神宫（Ise）中三件圣宝的看法。

他认为上述传统的说法，有待研究。这（Inoue）博士这一点轻微的存疑，闯下了数年遭受迫害的大祸。他被逐出帝国大学，在暴众的围攻下，打得一目失明。但是没有一位学人，敢于挺身而出，为他的遭遇，或为他的科学怀疑精神，加以辩护。

自然，在学术独裁与暴力把持的气氛下，不但危险思想要受到查禁，所有其他思想，也都被认为是有危险的成分。

其三，是上述历史传统，说明了日本所以迅速发展成为一等武力强国的原因，揭穿了历史上最大的迷惑：何以在所有非欧洲国家中，唯有日本能吸取西方文明，在军事上独占鳌头？而中国、印度、波斯（伊朗）、高丽、越南、暹逻，又何以不能？日本之所以能迅速军事化，乃是因为它的统治阶级——大名和武士——是在军国主义传统的教育、训练中熏陶出来的。而统治阶级的所作所为，又是全国上下，积极效法的榜样。

因此，日本在短短数十年间，培育成最强大的军事力量，傲视一切非欧洲国家，自亦不是偶然的事了。

其四，是上述历史传统，也说明了日本帝国主义扩张的一贯政策。五百年来，日本的国策与理想，不外是向大陆扩张与征服世界。

三百五十多年前（1590）日本中古时代的英雄丰臣秀吉

（Hideyoshi），曾致书中、韩、菲、印、琉球，说明他征服世界的计划，即将付诸实施。现在我将他致高丽国王书信的译文，引述一部分如下：

> 日本帝国大将丰臣秀吉，致高丽国王陛下……秀吉虽出身寒门，然家母孕育秀吉之夜，曾梦日入怀中。相士释梦，预言秀吉命中注定，世界各地，阳光照射之处，均将为我统治……天意所示如此，逆我者皆已灭亡。我军所向披靡，攻无不克，战无不胜。今我日本帝国，已臻和平繁荣之境……然我不以于出生之地，安度余年为足，而欲越山跨海，进军中国，使其人民为我所化，国土为我所有，千年万世，永享我帝国护佑之恩……故当我进军中国之时，希国王陛下，率军来归，共图大业……

高丽对该书，并未给予满意的答复，于是秀吉遂在1592年初，派遣三十万五千大军，渡海经高丽侵略中国。此一师出无名的战争，历时七年之久。后因秀吉死亡，始告结束。

战争爆发之初，秀吉的预定计划是这样的：1592年5月底前，征服高丽。同年底以前，占领中国首都北京。这样，到1594年，新日本大帝国将在北京建都，日皇在北京登基，而秀吉本人则在宁波设根据地，进而向印度及其他亚洲国家扩张。

秀吉的计划虽未能实现，但三百五十年来，他却变成了日本民族的偶像。数十年来，亚洲大陆与太平洋地区所发生的一切，与近数月来，所发生的一切，都不是偶然的，而是秀吉精神复活的确证。

今天，这个独裁的、愚民的、黩武的、疯狂式帝国主义的日本，正是我们面临的大敌。我们已经和这个劲敌浴血抗战了五年。而今天代表全人类五分之四的同盟诸国，也正在和这一帝国主义者及其他轴心国家，进行全面的殊死之战。

四

由于上述两种截然不同的历史背景，而产生了两种根本上对立的生活方式。今天，中国人民的自由、民主、和平方式，正面临着日本独裁、压迫、黩武主义方式的严重威胁。

中国对日抗战的第一个理由是，我们不仅反对日本帝国作风的重振，不仅反对日本在中国领土上推行其君主政体，而更是反对它雄霸亚洲和征服世界的野心所谓"神圣的使命"。

中国对日抗战的第二个理由是，我们中国人把怀疑看做一种美德，把批评看做一种权利。因此我们不愿意让一个"视一切思想均有危险性"的民族所统治。

中国对日抗战的第三个理由是，中国人民一向爱好和平，厌弃战争。因此我们不愿意在一个黩武好战、梦想征服世界的民族奴役之下苟生。

（本文为1942年3月23日胡适在华盛顿纳德立克俱乐部的演讲，张为麟译成中文，胡适纪念馆出版。又收入《胡适之先生年谱长编初稿》第5册）

论战后新世界之建设

我们自然都很关心将来，很关心此次战争的结果及战后的和平。我们相信在对抗共同敌人的共同战争里，同盟国将获全胜。

我们作战的目标，同盟国伟大的领袖们已说得清清楚楚了。

我想把《大西洋宪章》的八条原则总括讲一讲，罗斯福总统曾说《大西洋宪章》非特适用于大西洋沿岸各国，而且适用于全世界。这八条原则的大意是：（一）不得有领土或其他的扩张，（二）不得有与当地有关人民自由意志相反的领土变迁，（三）各民族对其政府之形式有自决之权，以前被人用武力剥夺自主权之民族亦应予以恢复。（四）各国贸易平等，繁荣经济所需之原料，各国平均分配，（五）经济方面各国合作，以改良劳工生活及建立社会安全，（六）建立和平，俾各国在其国土内得安居乐业，各地人民皆可自由生活不感恐怖及缺乏，（七）海洋自由，（八）各国放弃运用武力，在广泛永久之普遍安全制度未建立以前，凡侵略或可能侵略别国之国家皆解除武装。

这个联合宣言在1942年1月1日签订，表示二十六国都愿全力实现共同的高尚目标和原则。这是贵国敌国以及在这次共同战争中我们所有盟国大家都接受的目标。

战后和平及新的世界秩序，究竟如何实现，系于各国领袖的识见，智力和努力，也系于各国人民给予其领袖的支持与拥护。所以未来的情形如何，全视世界上各国领袖和各国人民之努力而定。

我是研究历史的，我想把第一次大战的历史教训，来说明将来和平和我们目标实现的可能性。我相信只要研究一下威尔逊和平计划失败的原因，就可想到罗斯福邱吉尔世界和平计划的成功很有可能。

我想学历史的人都同意威尔逊计划的失败是由于几个基本的历史原因，幸而这几个因素现在都不存在了，即令存在，力量也大大减少了。第一、第一次世界大战时和德国作战的盟国之中，有日本及义大利，这个同盟不能使威尔逊的理想有所收获，在此次战争中，国际间的同盟分得清楚而合理。大体讲来，同盟国家虽则民主发展的程度各有不同，都是和平与爱好和平的国家,所有的侵略国家也全都联结在一个理想之下。第二、这次的战争开始时,就清清楚楚的有一种对抗强暴侵略为国家自由而战的普遍性,而且在同盟国间,没有什么扩张领土的企图。第三、1919年的世界对于威尔逊的原则没有了解与接受的准备,1918年的休战早得出乎意料之外,所以就是最智慧的人也没有时间好好准备以后的庞大工作。

1918年,许多国家——中立国,盟国及与国——还没有严重的遭受战争的恶果。那时还没有无线电,飞机只是一种奇怪而不十分有效的武器。海洋间庞大的距离给几个大洲一个有力的保障。许多人仍以为无论战争怎样扩大,总可以不卷入漩涡,还以为中立和孤立是可能的。

比起上次对威尔逊计划心理上精神上没有准备接受的情形,现在在我们对未来就可以抱更大的信心和乐观。许多非难威尔逊计划和政策的人,也给这次的战争震惊了,他们对理想的原则已比较谅解,比较赞同了。

而且时代也已改变,实际上欧洲或其他地方已没有中立国,最爱好和平的国家,也已无情的给侵略者所蹂躏。最大的海洋,也不能保障以前的孤立国家。世界上最强的美国,也受人攻击,而且遭受历史上未有的打击,这种情形带来了对世事更现实的新看法,凡事要从痛苦的经验才能学习聪明，世界上事物大都如此。

关于这，1941年12月9日罗斯福总统的演说，曾经特意提出，他说："我们决不可忘记我们所学到的东西，这是我们对死者的责任，也是对他们及我们的孩子们的神圣责任。我们所学到的是：在恶棍主义原则统治下的世界，任何国家，任何个人，决没有所谓安全。对于那些暗中偷袭，不通知就攻击的强暴敌人，就无所谓坚固的国防。我们已经知道一个和人家划分得很清楚的半球，也不能免于受人的袭击，我们不能把地图上的距离来衡量安全。"

洞悉了这些无可否认的事实后，我们就相信实在需要建立和平，建立各国在其国土内安居乐业的和平。这种心理变化，也许会随战事的进展而增加，而且也许可以给我们和我们孩子谋和平的政治家扫除障碍。

这几点历史的教训，使我对《大西洋宪章》上所规定的未来和平计划更抱有实现可能的希望。但是工作是庞大的，还有许多工作要大家去完成，造成完全了解世界祸害的空气，以及提出拯救的办法。

（收入胡适思想批判参考资料之五《胡适文辑·政治》，1955年4月胡适思想批判讨论会工作委员会秘书处编印）

抗战五周年纪念

照一般人的计算,今天是中国抗战五周年的纪念。其实从"九一八"到今天,快满十一个整年了。这十一年里,我们的军队有过上海的抗战,长城的抗战,绥远的抗战。所以今天的纪念,是纪念我们五整年的全面作战,也就是纪念我们十一年的国难,也就是纪念我们十年多的抗战。

今天我只想简单的对全国同胞说三个意思:——

第一,我们的长期抗战,是现代民族起来抵抗侵略最早,又最长久的一段光荣历史。

第二,我们这十年的努力,五年的苦斗,在国内方面,在国际方面,都已经有了很大的成功。

第三,我们的抗战事业,不但必定可以得到最后的胜利,还可以帮助全人类建立一个有力量而可以永久的世界新秩序。

第一，日本用武力侵略中国，是世界和平被破坏的开始；我们中国民族抵抗日本，苦战前后十年，是世界民族抵抗暴力侵略的开始。我们有两千年爱和平的习惯，我们又没有海军，没有空军，没有新式的武器，我们当然没有抵抗一个头等海陆军强国的力量。所以从"九一八"到"七七"，我们足足忍了六年。我们的忍耐，是一个真正爱和平的民族的忍耐。我们的抗战，是一个真正爱和平的民族到了忍无可再忍时候的抗战。我们早知道，抗战开始以后，我们沿海沿江一带几万万人民的生命，财产，必须要受绝大的损失，绝大的牺牲的。我们也早知道，那时候的国际局势是决不会有别的国家出来帮助我们打仗的。我们也早知道，我们的抗战，必定是很长期的苦战，也许是五年，十年的苦战。——这种种的困难，这种种的牺牲，我们的领袖，我们的人民，都早知道，都早细细的想过。所以我们的抗战不是一时血气的打仗；是睁开了眼睛，忍了五六年才决定吃大苦，做绝大牺牲的长期抗战。我们的五年大战是目标最纯粹，旗帜最鲜明的抵抗侵略的战争。

我们在这个大纪念日子，可以大胆的告诉全世界："在这个抵抗侵略的世界战争里，我们是第一个国家拿起枪杆子来，我们也必定是最后一个国家放下枪杆子去！"

第二，我们这十一年国难，五年全面战争的绝大努力，绝大牺牲，都不是白白的费掉了的，都已经有了很大的，很重要的成功。

在国内的方面，我们的最大成绩是国家政治力量的巩固。这是我们的敌人万万梦想不到的。十年之前，在"九一八"之后，我们的敌人向世界宣传说，中国不是一个现代的国家，中国人民只是一盘散沙，没有组织，也没有团结力的。可是奇怪的很，敌人越打进来，这一大盘散沙团结的也越坚固，散沙好像变成了"水门汀"了，好像变成"钢骨水泥"了！十年的苦战，军事的失败，大块土地的沦陷，经济的困难，都不曾动摇我们国家的统一，都只促进了，加强了，我们政治的团结，建设的努力，作战的勇气。这是我们在国内方面的最大成绩。

在国际的方面，我们的长期抗战惊醒了许多民族的和平迷梦，并且给了他们十年多的时间可以做一点抵抗侵略的准备。到了前年去年那几个强盗国家最猖狂的时候，全世界爱和平爱自由的民族更感觉到中国民族这许多年来独力支持东亚大战场，是绝大的功劳。我们抗战越长久，我们在国际上的重要也更明显。在前年法国倒塌下来之后，全世界只剩下英国和中国在欧亚两大战场上苦斗了。在今天的世界大战里，事实上也只有华，苏，英，美，四个大国在那儿苦战。我们国家的十年大努力，大牺牲，争到了这个世界公认的重要地位,这是我们在国际上的成绩。

第三,我们在这时候,必须要把定信心,认清我们的抗战工作必定可以得到最后的胜利,并且必定可以做到世界新和平,新秩序的建立。

这几个月以来国内国外各大战场的消息都是很坏的,很可以叫人失望的。但是我们从大处看来,从世界战争的全部看来,这几个月的败挫,都不应该叫我们失望悲观。我们现在已不是单独作战了;我们现在有了二十七个同盟国,其中有三个世界上最有力量的强国,这三个大国和中国一样,平时都是爱好和平,反对战争的。但是等到他们"逼上了梁山",拿起枪杆来抵抗强暴的时候,这三个国家,都是不打到底不肯放手的。苏俄人民这一年的苦战,是全世界都惊叹佩服的。我们也决不可轻看那些生活程度高的英美国民的战斗能力!他们尝过自由的味道,知道文明国家的幸福,所以他们的打仗真是为保卫自由而战,为保卫文明而战,他们的精神和勇气是最可靠的。我们看英国空军(R.A.F.)的大成绩,就可以明白英美民族不是不能打仗的。

至于这三个国家的战时工业生产力量,这更是大家一致公认的。我在这五六个月里,在美国东西南北,走了三万五千英里的路,亲眼看见全国人民日夜努力生产,亲眼看见全国的平时工业在短时期里都改成了战时工业。现在飞机,坦克车，军火，船，等等的生产量都超过了最初的估计。

我们看了我们同盟国的生产力的可惊，战斗力的可靠，我们可以毫不迟疑的说，这个抵抗侵略的世界大战的最后胜利是必定属于我们和我们的同盟国家的。

最后，我们还可以相信，我们得到了最后胜利之后，我们必定可以，同盟国必定可以替全人类建立一个有力量的，能持久的世界新秩序。我们可以举出三个可以乐观的理由：一来呢，这二十八个同盟国里没有一个侵略国家。二来呢，我们这些同盟国一方面从没有订立什么分赃的秘密条约，一方面又都公开遵守"大西洋约章"（Atlantic Charter）的八条大原则。三来呢，这一次大战的苦痛是普遍全世界的，所以世界人的觉悟比从前任何时代都更彻底。最近几个月里，美国在政府，在民间的领袖发表的言论，大都赞成将来美国同我们同盟各国用联合的力量来维持全世界的安全和平。这种大觉悟的表示，可以使我们格外相信，我们胜利之后，还可以得到一个可靠的，可以永久的世界新秩序。

这三层意思，我很诚恳的献给全国的同胞。

（1942年7月7日胡适对国内的广播讲词，原件存中国社科院近代史研究所，收入耿云志主编《胡适遗稿及秘藏书信》第12册）